江苏高校品牌专业建设工程项目(PPZY2015C227)资助

金融发展对经济增长的传导机制研究

——以甘肃省为例

赵小克　李惠蓉　房　裕　著

中国矿业大学出版社

内容提要

在金融国际化的背景下，金融发展程度不高与金融体系的不完善会限制经济的潜在增长与发展，并使国家在全球竞争中处于不利地位。因此，为实现金融发展对经济增长的持续推动作用，有必要对影响经济增长的内在机制进行深入研究。本书即是在这种背景下，以甘肃省为例，探讨了金融发展影响经济增长的多重机制以及如何协调好区域金融与区域经济的良性发展、充分发挥金融在推动地区经济增长中的积极作用、保证甘肃省经济长期稳定发展等问题。本书主要内容包括：导论、金融发展相关理论研究综述、金融发展对经济增长传导机制的理论分析、甘肃省金融发展和经济增长关系的实证研究、甘肃省金融发展对经济增长的传导机制研究、结论与展望。

图书在版编目(CIP)数据

金融发展对经济增长的传导机制研究：以甘肃省为例/赵小克，李惠蓉，房裕著.—徐州：中国矿业大学出版社，2017.12

ISBN 978-7-5646-3862-7

Ⅰ.①金… Ⅱ.①赵… ②李…③房… Ⅲ.①金融业—经济发展—关系—经济增长—研究—中国 Ⅳ.①F832②F124

中国版本图书馆CIP数据核字(2017)第323928号

书　　名　金融发展对经济增长的传导机制研究——以甘肃省为例
著　　者　赵小克　李惠蓉　房　裕
责任编辑　何晓明
出版发行　中国矿业大学出版社有限责任公司
（江苏省徐州市解放南路　邮编 221008）
营销热线　(0516)83885307　83884995
出版服务　(0516)83885767　83884920
网　　址　http://www.cumtp.com　**E-mail**:cumtpvip@cumtp.com
印　　刷　江苏淮阴新华印刷厂
开　　本　787×1092　1/16　**印张** 7　**字数** 180 千字
版次印次　2017 年 12 月第 1 版　2017 年 12 月第 1 次印刷
定　　价　28.00 元
（图书出现印装质量问题，本社负责调换）

前　言

目前，金融在经济中的作用越来越突出，金融系统通过何种渠道来促进经济增长以及如何更好地支持经济增长的问题也就成了理论界和现实中的一个重要议题。在金融国际化的背景下，金融发展程度不高与金融体系的不完善会限制经济的潜在增长与发展，并使国家在全球竞争中处于不利地位。因此，为实现金融发展对经济增长的持续推动作用，有必要对影响经济增长的内在机制进行深入研究。另外，我国的区域经济发展非常不均衡，不同地区之间的经济和金融发展都存在很大的差距。甘肃作为西部欠发达地区省份之一，与东部地区经济发达省份甚至是中部部分省份相比差距十分明显，如何协调好区域金融与区域经济的良性发展、充分发挥金融在推动地区经济增长中的积极作用、保证甘肃经济长期稳定发展，是一项值得重视和研究的重要课题。

鉴于对金融发展和经济增长之间直接联系的研究已经非常多，因此本书在对两者的关系进行了直接检验之后又采用了“间接”的方法对金融与增长联结关系进行了一定的研究，探讨了金融发展影响经济增长的多重机制。具体而言，全书试图从物质资本积累、人力资本和全要素生产率这三个方面探究甘肃省的金融发展影响经济增长的传导机制，验证作用渠道是否畅通。本书首先使用归纳和对比方法总结了理论研究中关于金融发展理论的一般内涵和经济增长理论中的金融过程；其次，在拓展了金融发展的具体内涵和分析经济理论模型后，又构建了相应度量经济增长、金融发展的指标。在理论准备、数据搜集整理和指标构建工作的前提下，本书进入实证分析部分，实证研究由两块逻辑上相互联结的内容组成。第一，通过金融发展和经济增长的直接实证研究，发现两者之间具有显著的相关性和因果关系，金融发展规模显著地对经济增长起到了正向推动作用，这个结论为下面的研究打下了基础。第二，在相关理论框架的基础上，将经济增长源泉分解为物质资本、人力资本和全要素生产率三部分，为下面金融发展的作用渠道研究做了铺垫；紧接着对金融发展通过上述三个渠道对经济增长的影响进行分析。通过对以上内容的深入分析，得出相应的研究结论。

第一，甘肃省的金融发展规模、金融发展效率与经济增长之间存在着长期稳定的关系。金融发展规模与经济增长显著正相关且起到了单向的推动作用。这在理论上验证了 Patrick 假说。

第二，通过对金融发展与经济增长的 VAR 模型及冲击反应分析可以看出，短期内经济增长对金融规模的冲击响应为正向且较为明显，说明金融规模的扩大会加速经济增长；而甘肃省经济增长对金融中介效率的冲击响应为负且不显著，说明可能是投资的资本边际产出降低甚至为负，也即投资效率低下造成的反向冲击反应模式。

第三，甘肃省经济增长可以认为是物资资本积累、人力资本和全要素生产率共同作用的结果。金融规模指标对物质资本积累、人力资本和全要素生产率均产生显著的正面单向的格兰杰影响，这意味着金融规模可以通过这三个渠道来促进本地经济的长期增长。

针对以上结论提出相应的对策建议。

第一，扩大金融资产规模，加快金融深化进程，推进金融体制改革。首先，要健全金融体系和发展多样化的金融业务，加大对实体经济的融资规模；其次，在不断增加“量”的同时还要注意“质”的提高；再次，还要避免资金通过非正规融资等形式汇集起来所带来的金融风险。

第二，优化金融发展结构，提升金融发展效率，把握信贷投放方向。首先，需要改善银行业市场结构和优化资本市场结构，引入竞争机制，实现金融工具的多样化；其次，应该调整优化信贷结构，把握信贷投放方向，加大对中小企业和高增长、高科技、高附加值的经济部门的金融支持；再次，还需对金融市场加以有效分割，来防止资金的逆向流动，避免因金融机构追求利润而导致的金融资源严重偏流及其诱发经济非均衡发展加剧。

第三，实现金融促进经济增长的作用机制由数量型向质量型转变。数量型作用机制促进经济增长的主要方式是通过动员储蓄、资本积累、扩大投资来实现的；而质量型作用机制推动经济增长则主要是通过促进技术进步与提高宏观效率来发挥作用的。目前，甘肃省金融发展更侧重于通过数量型作用机制推动经济增长，今后应逐步向质量型作用机制转变，以提升资本效率为核心，这样才能实现甘肃省经济平稳快速增长和金融健康发展的长远目标。

著　者

2017 年 7 月

序

金融作为经济资源配置的核心，在经济体系中起到了交易媒介、动员储蓄、配置资本、分散风险、监督公司治理等作用，对经济增长有着重要影响。金融和经济相互依存、相互制约，经济发展的过程就是资源向资本转化的过程。金融发展的作用，不仅表现在区域资本形成中具有其特殊的聚合功能，而且表现为它能有效解决货币、资本分布不平衡问题，实现社会资源的有效利用。研究金融发展与经济增长的关系，寻找两者良性的互动关系，可以更好地提高金融支持经济的水平。有学者认为，物质资本积累、人力资本与制度改革是金融发展与经济增长间内生传导渠道，其中最主要的传导渠道是物质资本积累，银行比金融市场发挥了更大的作用。也有学者认为，随着经济发展水平的提高与阶段的提升，技术进步与人力资本的发展对经济增长所起的作用会越来越大；而金融发展程度与金融体系等制度政策因素的不完善会限制经济的增长与发展。因此，从理论上来说深入研究金融发展影响经济增长的内在机制意义重大。

我国目前正处在转变经济发展方式和深化金融体系改革的关键阶段，准确理解金融发展对经济增长的作用与传导机制能有效地通过金融体系的完善推动经济增长与结构转型。另外，我国区域经济发展不均衡，地区间的经济和金融发展存在很大的差异，甘肃省作为西部欠发达地区省份之一，与东部经济发达省份相比存在一定的差距。如何协调好区域金融与区域经济的良性发展、充分发挥金融在推动地区经济增长中的积极作用成为一项值得重视和研究的理论课题。因此，有必要深入挖掘金融发展影响经济增长的内在传导机制，以实现经济的高质量发展和可持续发展。

首先，本书较为系统全面地梳理和总结了金融发展的理论前沿成果，以及经济增长理论中的金融研究成果。其次，进一步拓展了金融发展与创新的具体内涵和研究方法，构建了金融发展与经济增长相关关系评价指标和模型，并进行了实证分析。结果显示，两者之间具有显著的正向相关关系，金融发展对经济增长起到了显著的推动作用。最后，进行金融对经济增长影响因素分析，将经济增长源泉分解为物质资本、人力资本和全要素生产率三部分，并对金融通过上述三个渠道对经济增长的影响进行分析。

本书的创新体现在以下几个方面：

第一，较为全面系统地分析了金融发展对经济增长的传导机制。综合考虑金融主要支柱产业并构建计量模型，以探讨金融发展对经济增长的传导与影响机理。现有文献大多将银行业、证券业和保险业独立起来研究其对经济增长的促进作用，鲜有文献将三者综合起来考虑。本书的研究弥补了这一不足，将三者联立构建金融发展指标和计量模型，分析三者之间的协同效应及其对经济增长的促进作用。

第二，基于区域金融与省域经济增长的内在关系及典型案例研究。我国各地区经济金融发展存在非均衡性，金融发展与经济增长的关系表现出显著的区域性差异，过于宏观的研究会带来模型稳定性测试低通过率问题，以及影响研究成果应用的针对性施策。鉴于此，本书区别于以往对整个国家层面或是东、中、西部层面的研究，而是聚焦西部典型省份——甘肃省，开展区域金融与省域经济增长的内在关系研究。针对甘肃省经济的区域性特征，构建计量模型，探讨甘肃省金融发展与经济增长的因果关系。基于甘肃省区域金融和省域经济关系的事实特征分析与特色研究，增强了研究的针对性和实用性。进一步从内生经济增长理论的视角，构建了金融贡献率等金融发展的衡量指标，采用间接法探讨了金融发展进程影响甘肃经济增长的多重机制及其内部结构过程。

第三，提出进一步提升金融支持经济发展效率的对策建议。基于理论研究成果和实证分析成果，以及对甘肃省经济金融环境的区域性特征进行分析，本书从扩大金融资产规模、优化银行业市场结构和资本市场结构、推出多样化金融工具、推进金融组织体系创新和制度创新等方面提出进一步提高金融资源配置效率、促进甘肃省经济高质量发展的对策建议。

田泽

2017 年 8 月

目　录

第1章 导 论

1.1 选题背景与研究意义

1.1.1 选题背景

(1) 理论背景

早在主流经济理论中的货币数量理论中就已包含了关于金融发展与经济增长间关系与作用机制的讨论,当时的探讨主要从狭义角度出发,把金融完全视同为货币,此时两者之间的关系研究没有形成一个完整的分析框架,并且当时的思想相对零散,只是从促进商品交易的功能展开分析。随后出现的金融发展理论才开始系统地探讨金融与增长的关系,其中具有代表性的 AK 范式认为,金融通过影响储蓄率、储蓄转化为投资的比例、资本的边际生产率及信贷乘数等方面来影响经济增长。另外,该理论还指出,金融可以通过资本积累来为高新技术进行融资。20 世纪 90 年代形成了以 Levine 为代表的金融功能论,认为金融市场和中介通过提供动员储蓄、配置资源、实施公司控制、润滑商品与服务等各种功能,从而促进经济增长。随后出现了以 Porta 等为代表的金融法权理论,该理论从法律、制度等角度对金融进行了深入分析。以上的理论研究基本肯定了金融对经济增长的积极推动作用,进一步深化了对金融-增长关系的认识。然而,金融发展对经济增长的具体作用机制方面的实证检验虽然已经较为丰富,但尚缺乏统一的理论框架,目前还存在一定的争议。

金融作为经济资源配置的核心,在经济体系中起到了交易媒介、动员储蓄、配置资本、分散风险、监督公司治理等作用,对经济增长有着重要影响。金融和经济相互依存、相互制约,经济发展的过程就是资源向资本转化的过程。金融发展的作用,不仅表现为区域资本形成中具有其特殊的聚合功能,而且表现为它能有效解决货币、资本分布不平衡的问题,实现社会资源的有效利用。研究金融发展与经济增长的关系，寻找两者良性的互动关系，可以更好地提高金融支持经济的水平。熊鹏等认为，物质资本积累、人力资本与制度改革是金融发展与经济增长间内生传导渠道，其中最主要的传导渠道是物质资本积累，另外银行比金融市场发挥了更大的作用。李富强等则认为，随着经济发展水平的提高与阶段的提升，技术进步与人力资本的发展对经济增长所起的作用会越来越大；而金融发展程度与金融体系等制度政策因素的不完善会限制经济的增长与发展。因此，从理论上来说，深入研究金融发展影响经济增长的内在机制意义重大。

(2) 现实背景

改革开放以来，我国市场经济和金融业都得到了快速的发展。从 1978 年到 2011 年，我国国内生产总值增长了 14 倍(1978 年不变价)，国内生产总值年均增长率保持在 9%以上，人均 GDP 增长了近 10 倍。与此同时，银行、资本、保险等金融业在近些年也进入了高速发展期。从各国的现实经验来看，经济快速增长时期一般都伴随着金融的高水平发展。同时，只有有金融的有力支持，才能使经济又好又快地发展。世界银行报告小组认为，良好的金融体系能够提供容易获取且可靠的信息，从而降低了交易成本，进而有利于合理分配资源与经济增长。因此，自 1970 年以来，新兴市场国家掀起了大力发展金融业的浪潮，取得了较快的经济增长。然而，1997 年亚洲金融危机和 2007 年环球金融危机的发生使世界各国政府对金融影响经济有了另一方面的认识。Federici 和 Carioll 认为，在金融国际化的背景下，相对成熟的金融体系有助于帮助一国避免或降低金融危机的危害。然而，金融通过何种渠道或作用机制来促进经济增长以及如何更好地支持经济增长？这个问题成了理论界和现实中的一个重要议题。

改革开放以来，我国采用了非均衡经济增长策略，目前亟须转变经济发展方式。与此同时，我国还处于深化金融体系改革的关键阶段，深入研究金融发展对经济增长的作用机制有助于有效利用金融体系来推动经济增长与结构转型，大幅降低相关的成本。另外，我国地区经济发展差距很大，各地区的金融发展不平衡，金融与增长的关系表现出显著的区域性。因此，除了在国家层面上展开对两者关系的研究外，还应该从区域角度将其纳入分析框架中，深入分析金融发展对经济增长的作用机制。这样，就可以根据不同区域的实际情况和条件，研究出不同区域两者之间具体的作用机制，就能形成有针对性的政策建议。

甘肃作为西部欠发达地区省份之一，与东部沿海地区经济发达省份相比，差距十分明显。甘肃省国内生产总值从 1978 年的 64.73 亿元到 2011 年 1 360.20

亿元(1978年不变价),增长了20倍,年平均增长率达到9.37%,人均GDP增长了14倍,年平均增长率达到8.31%。但这30多年来,甘肃省GDP占全国GDP比重,一直徘徊在2%以下。甘肃省人均GDP和全国人均GDP相比,自1978年的91.34%持续下降至1995年的最低点45.9%,随后稍有反弹,但直到2011年这一比例也仅达到55.85%,差不多全国平均水平的一半。

甘肃省的金融业自改革开放后也有了很大发展,但和全国相比,尚存差距。对银行业来说,金融机构各项贷款额和每年的金融机构各项贷款增加额两个指标能够很好地反映金融中介对经济的支持力度。甘肃省金融机构各项贷款额从1978年的31亿元增加到2011年的5 468亿元,金融机构各项贷款增加额也基本保持了快速增长。但甘肃省金融机构各项贷款额和全国金融机构各项贷款额比较起来,一直维持在0.9%～1.68%的低占比;金融机构各项贷款增加额占全国金融机构各项贷款增加额的比重,也一直在1.79%以下,可以说和其他地区存在较大差距。对资本市场而言,上市公司数量、股票筹资额和企业债券发行额是推动经济的三个重要指标。截至2011年年底,甘肃省共有上市公司24家,但同全国的境内上市公司总数(A、B股)2 342家相比,仅占了1%。从甘肃省筹资总额占全国筹资总额的比重来看,1978～2011年,除了个别年份外,其他年份均小于1%,说明直接融资能力有限,功能弱化。甘肃省企业债券发行起步要晚得多,直到2006年才首次发行债券36亿元,随后获得了一定的发展,全省非金融企业在债券市场发行债券额持续走高,但占全国企业债券发行额的比重仍不足1.4%。保险业的保费收入和保费支出两个指标能很好地反映保险市场的发展。甘肃省保费收入从1990年的1.58亿元持续上涨到2011年的140.93亿元,规模不断扩大,服务网络持续拓展,但从占全国保费收入的比重来看,基本维持在0.9%～1.7%的水平。甘肃省保费支出从1990年的0.63亿元持续上涨到2011年的38.20亿元,保障范围进一步扩大,经济补偿和风险保障功能得到有效发挥,但占全国保费支出的比重始终维持在0.6%～2.0%的水平。

因此,对甘肃省而言,如何实现金融与经济协调发展、发挥区域金融在推动区域经济增长中的积极作用、保证甘肃省经济长期稳定发展,是一项值得重视和研究的重要课题。

基于以上理论与现实原因,本书将经济发展水平与金融发展作用机制的阶段性内在特征相联系,并且具体到地区层面,深入研究甘肃省金融发展对经济增长的作用机制,以期从理论与实证层面补充并拓展已有的相关研究。

1.1.2 研究意义

基于上述背景，本书试图较全面地探讨甘肃省金融发展对经济增长的作用机制并提出对策建议，此项研究具有重要的理论意义和现实意义。

(1) 理论意义

本研究一方面丰富了西方已有的金融发展与经济增长之间关系的研究，将西方成熟理论与中国实际相结合；另一方面，从金融发展通过物质资本积累、人力资本和生产效率(全要素生产率)的作用机制视角剖析经济增长的影响因素。

首先，基于区域金融发展视角，引用区域经济学、产业经济学、发展经济学等理论对经济增长做出系统分析，融合了各相关研究领域的理论内容；其次，梳理了金融发展和经济增长理论，对金融发展促进经济增长的渠道进行了详细研究，构建两者作用机制的理论框架；再次，按照该理论框架，结合计量经济学理论和相关计量工具，对金融发展对经济增长的作用机制进行了实证分析，比较并分析了金融发展的数量型—资本积累型(物质资本和人力资本)作用机制与质量型—效率提高型(全要素生产率)作用机制，探析了各因素间可能的具体作用机制及影响因素，以期更全面地找出两者之间的关系，力争有所创新。

(2) 现实意义

近年来，我国经济取得了令人瞩目的成绩，金融领域的改革也在不断深化和发展。然而20世纪70年代末国家实施的非均衡经济政策以及各区域间的发展基础、资源禀赋等方面的差异，使得我国区域间经济发展出现了严重的不平衡。相关研究发现，金融不仅能促进资本积累，还可以提高资本配置效率，促进技术创新与经济增长。金融体系的发展可以通过不同作用机制推动经济增长，同时也有利于区域经济结构优化。准确理解和分析金融发展对经济增长的作用机制，对实现全面、协调和可持续发展具有重要的现实意义。另外，本研究在数据类型与实证研究方法上具有一定的新颖性，以甘肃省1978～2011年的数据为研究对象，通过定量化分析区域金融发展与经济增长的关系和作用机制，并提出具有针对性的对策和建议，对从金融的角度促进区域经济增长提供现实上可行的思路，从而对经济政策的制定与优化有重要的实践价值与参考意义。

1.2 数据来源、研究思路与方法

本书所使用甘肃省1978～2011年的数据来自中经网、国研网、《甘肃统计年鉴》(1990～2009年)、《甘肃发展年鉴》(2010～2012年)、《甘肃金融年鉴》(1990～2012年)、《中国劳动统计年鉴》(2000～2011年)、《甘肃省金融运行报告》(2004～2011年)、《甘肃金融发展五十五年》等。全国的数据来自《中国统计年鉴》(1990～2012年)、《新中国六十年统计资料汇编》等。

本书首先从区域金融发展与经济增长的基本理论入手,深入探讨了金融对经济增长的作用机制和具体渠道;其次,从银行、证券和保险三个行业来研究甘肃省的金融发展,并选取出代表金融规模和金融效率的变量,对金融发展和经济增长的传导渠道及作用机制进行了实证分析;再次,提出了通过金融发展来促进资本积累和生产效率提高,进而推动区域经济增长的对策建议。

鉴于对金融发展和经济增长之间的直接联结关系的研究已经非常多,本书同时对甘肃的金融-增长联结关系的研究采用了"间接"的方法,即探讨金融发展影响经济增长的多重机制。具体而言,笔者试图从物质资本积累、人力资本和全要素生产率这三个方面探究甘肃的金融发展影响经济增长的作用机制,研究这三个渠道是否畅通以及作用大小。

在研究方法上,本书将采取数据包络分析、回归分析以及格兰杰因果分析等方法;使用的软件有EViews、DEA等。

1.3 本书的主要内容与研究框架

本书的重点是研究甘肃省金融发展对经济增长的作用机制并提出相应的对策建议,从结构上看,分为6章:

第1章,导论。导论部分说明了研究的理论与现实背景及现实意义、研究对象与方法、基本思路与主要内容及创新之处。

第2章,金融发展相关理论研究综述。首先,梳理了金融发展理论的相关观点;其次,概括了总结金融发展和经济增长关系的实证分析部分;最后,综述目前文献中金融发展影响经济增长的机制,重点分析了金融发展的数量与质量传导渠道。

第3章,金融发展对经济增长传导机制的理论分析。首先,通过对经济增长理论进行了概述,并对其中的金融过程深入分析,分析了经济增长与金融发展的内在理论关系;其次,围绕金融发展对经济增长具体的作用机制展开讨论,提出了经济增长中金融发展作用机制的具体渠道,并从理论视角对其进行了初步论证。

第 4 章,甘肃省金融发展和经济增长关系的实证研究。研究得出的结论是,甘肃省的金融发展规模、金融发展效率与经济增长之间存在着长期稳定的关系。金融发展规模与经济增长显著正相关且起到了单向的推动作用。这在理论上验证了 Patrick 假说,为下一章研究金融发展对经济增长的间接作用机制提供了前提条件。

第 5 章,甘肃省金融发展对经济增长的传导机制研究。首先,测算了1978～2011 年甘肃省经济增长的源泉——物质资本存量、人力资本和全要素生产率,实证研究得出物质资本存量、人力资本、全要素生产率是影响经济增长的三个重要的、显著的渠道,三者对甘肃省经济增长均有显著的影响。但是,甘肃省的经济增长依靠物质资本的大量投入,经济增长方式仍是粗放型增长。同时,人力资本和全要素生产率对经济增长具有较大的正效应。然后,验证出金融发展规模可以通过促进物质资本积累、人力资本和全要素生产率等渠道来达到促进经济增长的目的。

第 6 章,结论与展望。对本书研究进行了总结,指出主要的研究结论,提出了相应的对策建议,并对今后的研究进行了展望。

本书的研究技术路线如图 1-1 所示。

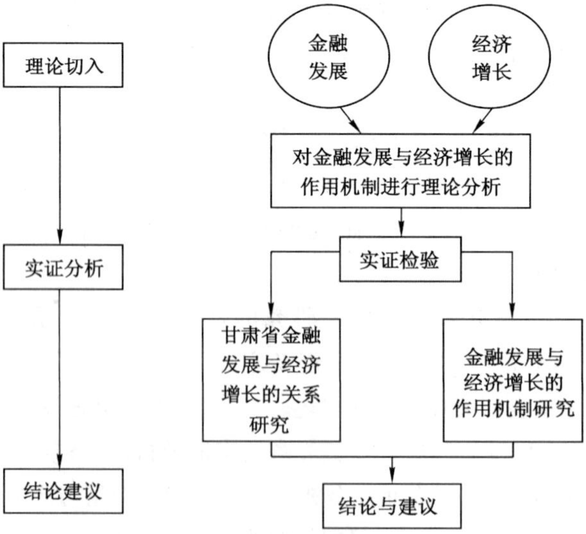

图 1-1　本书的研究技术路线

1.4 创新点

第一，现有的研究较多考虑银行业而较少考虑资本市场和保险市场，或是把三者独立起来研究，本书则把银行业、证券业和保险业综合考虑，然后构建数学模型，探索金融对经济增长的影响效应，这是一个可能的创新点。

第二，从研究角度和研究内容上来看，本书从作用机制的角度来研究金融发展影响经济增长的模式和内在渠道，这是另一个可能的创新点。

第三，本书将研究层面具体到西部欠发达地区的甘肃省，和大多数研究整个国家层面或是东、中、西部层面比较起来，更加细化，更具有针对性，这是第三个可能的创新点。

第四，本书采用比较新的计量方法，将计量经济学和金融学等相关理论运用到区域经济学中，得出具体的结论，这是第四个可能的创新点。

第2章 金融发展相关理论研究综述

在现代市场经济中，金融的地位越来越突出，金融发展已成为经济发展的重要因素和先导力量，具有强大的作用力、渗透力和推动力，目前几乎达到了足以影响甚至决定整个国民经济发展的程度。金融体系的稳定性与效率，金融市场的流动性与规模等方面都会影响到资本积累、技术进步等，进而促进经济增长。

本章将回顾有关金融发展理论的相关研究。在下面的综述中将重点介绍金融结构论、金融抑制论、金融约束论、金融功能论和金融法权论；之后概括总结有关金融发展理论的实证研究，按照计量方法和采用数据的不同将其分为两部分来进行分类综述：① 基于截面/面板数据的实证研究；② 基于时间序列数据的研究。最后，总结以上文献中所涉及的金融发展和经济增长间的内在作用机制，具体体现于金融产业对经济增长的各种促进渠道及两者的协调发展。

2.1 金融发展理论研究的回顾

金融发展理论是指系统全面地研究金融和经济增长关系的理论。金融在经济体系中起到了交易媒介、动员储蓄、配置资本、分散风险、监督公司治理等作用，具体表现在两个方面：一是提供支付清算系统，便利交易与经济运行；二是储蓄和向投资转化的作用，即通过动员储蓄、促进向投资转化、提高储蓄配置和投资效率。

较早重视金融对经济增长重要作用的学者是Bagehot，早在1873年他就将金融部门发展水平与一国经济体资本配置效率联系起来，认为金融体系与金融市场在英国工业革命中发挥了重要作用。这是因为若金融系统是功能良好的，它就能够把资金从低效率的投资转向高效率的投资，这样就增强了投资的整体效率。Schumpeter首次讨论了金融中介对于经济增长的作用，认为功能良好的银行可以为有发展潜力的企业进行融资来促进技术创新和提高生产力，进而推动经济增长。Gurley 等关注了发达工业化国家货币、金融体系对资本积累、收入与经济增长的重要作用，认为金融体系通过动员储蓄并将储蓄配置给生产性部门，从而促进资本积累与经济增长。Tobin 在经济增长模型中引入了金融因素，建立了新古典货币增长模型。随后研究金融发展和经济增长的理论层出不穷，主要分为：① 金融结构论（代表人物为 Goldsmith），重点研究各国不同的金融规模与结构；② 金融抑制论或金融深化论（代表人物为 Mckinnon、Shaw），强调价格（利率）变量对经济是非常重要的；③ 金融功能论（代表人物为 Levine、Merton），把研究重点放在了分析金融体系对经济发展提供的服务和功能上；④ 金融约束论（代表人物为 Hellmann、Murdock 和 Stiglitz），将政府的行为应用到分析中去；⑤ 金融法权论（代表人物为 Porta、Beck、Levine、Rajan 和 Zingales 等），则重视金融结构背后的制度基础的研究，更关注制度、金融和经济增长的复杂关系，特别是制度对金融和经济增长的影响。本书主要借鉴 Levine 的研究脉络，对国际、国内诸多金融发展理论和代表性文献进行回顾和梳理，希望能够全面深入地了解金融发展理论。另外值得注意的是，很多实证研究发现，在经济增长模型中，任何能改变投入要素质量的因素都会对经济长期增长产生影响。因此，本书还重点对金融通过要素供给和生产效率来影响经济增长方式的研究进行了论述。

第二次世界大战以后，西方国家金融机构的数量和金融资产的规模迅速扩张，战后经济增长的黄金时期始终伴随着金融业的繁荣。于是自 20 世纪中期开始，金融本身在经济发展过程中的地位和作用日益受到经济学界的重视。20 世纪 50 年代，Gurale 和 Shaw 开启了金融发展理论的研究，他们将货币经济学的范式延伸应用到对金融与经济发展之间关系的研究，探讨了金融中介在动员储蓄资源、促进资本积累和投资增长过程中的应用。他们在 1960 年出版的《金融理论中的货币》中进一步深入分析了货币资产和非货币金融资产的性质，强调了金融工具尤其是金融制度和金融市场的完善对经济发展的重要意义。虽然这是关于主权经济体的金融理论的早期探讨，但是其研究国际经济层面的金融视角也为后来区域金融理论的发展提供了借鉴。Gurale 和 Shaw 理论的一个突出特点就是对金融中介的强调，尤其是对金融中介在信用供给过程中的作用的强调，而不再仅仅强调其在货币供给过程中的作用。该理论认为，发达国家的金融中介组织较好地促进了可贷资金在储蓄者和投资者之间的流动，而落后国家则不然，金融中介在改进跨期交易效率方面所发挥的作用仅是影响一般经济行为，将注意力局限在货币供给上，这就不可能适当刻画实际经济和金融行为之间的关系，当经济的金融化程度越来越高时，这种扭曲就会更加严重。在金融发展的早期阶段，商业银行是金融中介的主要形式，在该情形下，货币存量可能是金融行为的一个有用的代理变量，因为货币供给与金融中介的总水平密切相关。然而，当中介体系进一步发展后，随着具有非货币项负债借贷机构的出现，再将注意力集中在货币上就不那么合理了。Gurale 和 Shaw 认为，在一个金融高度发达的经济中，不管价格是否具有黏性，其对交易媒介供给和需求的变化都可能对总体经济行为具有很小的重要性。对宏观经济行为更重要的是经济整体的“金融能力”，即借款人在不减少当前花费和未来花费承诺的情况下吸收债务的能力，金融能力是总需求的一个重要决定因素。与借款者直接发行债券的情形相比，通过克服储蓄者和投资者之间的资金流动障碍，金融中介使得借款者获得更多的借款和更好的信用条件。

与 Gurale 和 Shaw 不同，Patrick 总结了金融发展和经济增长关系的两种研究方法。一种是“供给引导”(Supply-Leading)方法，强调的是金融服务的供给对经济增长的先导作用，认为金融市场、金融服务的创新是随着经济增长的很好的解释变量；另一种是“需求跟随”(Demand-Following)方法，强调的是实体经济对金融服务的需求，认为是经济增长的深入促进了经济主体对金融服务的需求，从而导致了金融部门的不断创新和发展。

金融发展概念的厘清是由 Goldsimth 完成的。在《金融发展与金融结构》一书中，Goldsimth 分析了经济发展的不同阶段所对应的金融模式，强调了经济发展过程中金融结构的变动。在金融发展与经济增长的研究中，虽然 Goldsimth 未对经济增长和金融发展之间相互关系的方向做出明确界定，但是确认了经济与金融“平衡发展”的关系。此外，Goldsimth 开创性地研究了国家之间的金融差异问题，指出了金融发展的差异是各国处于不同发展水平的反映，在经济由低级阶段向高级阶段过渡的道路上，金融发展的差异也呈现一定的规律性，如资产的规模、金融机构的数量以及银行系统的地位等都将呈现出某种阶段性的变化。

20 世纪中后期，发展中国家与发达国家之间在金融环境和收入水平方面的巨大差异成为经济理论研究的热点之一。Mckinnon 和 Shaw 将金融发展理论关注的重点和研究对象转移到了发展中国家和地区，研究了金融发展和资本积累、生产率水平以及经济增长之间的关系，探讨了货币金融变量与经济增长作用机制。他们将发展中经济体货币金融体系的特征归结为“金融抑制”，指出了经济管理当局对金融市场准入、金融机构设置和金融资金运营的管制，限制了信贷资金的供给，造成金融资源配置的低效率。因此，Mckinnon 和 Shaw 主张发展中国家应推进“金融深化”，即放松对金融业的行政管制，通过对金融市场的培育，建立起高效的金融体系，理顺储蓄-投资转化机制，促进本国的资本积累和经济增长。此外，Mckinnon 和 Shaw 还提出了测度发展中国家金融深化状况的指标，如货币供应量和金融资产在一国经济总量中的比重等。

20 世纪八九十年代，一方面新增长理论、新古典宏观经济学等学说兴起，进一步拓宽了审视经济运行的金融视角，为金融发展理论注入了新的内容。如 Stigilitz 和 Wiess 将信息经济学引入了金融发展理论，指出了利率市场化并不能解决信贷配给问题，建议发展中国家在开展金融自由化时，必须慎重对待金融市场的信息不对称问题。另一方面，此前金融发展理论在指导这一时期各国经济政策实践中也出现了诸多问题，为理论发展提供了丰富的现实课题。Sheila 和 Carlos、Fernandez 和 Joaquin 等的研究证实，一些发展中国家在推进金融深化时，忽略了自身同发达国家在制度、传统和文化等方面的差异，金融自由化的效果并不理想，投机与风险的泛滥扭曲了金融市场配置资源的作用，因此，现实要求对金融发展理论本身进行反思。

随着新分析框架的建立和新分析方法的应用，作为经济增长过程的重要内在因素，金融变量的作用被进一步明确。金融发展理论对经济发展与金融市场、金融变量之间的关系做了更加深入细致的研究，更加全面地揭示了金融的功能作用。首先，理论界对金融中介动员储蓄资源转化为资本积累的过程和作用机理有了更为细致的刻画。其次，对于金融中介在推动技术创新、促进风险分散、降低信息处理成本等方面的作用也进行了广泛的研究。Bodie 和 Morton 较早地对金融体系的功能进行了划分，认为金融具有资金支付清算、资金跨期配置、企业兼并重组、政府决策支持、风险管理和经济激励等六大核心功能。随后，众多经济学者(如 Levien 等)基于功能角度界定了金融在经济发展中的角色，与 Bodie 和 Morton 的划分大同小异。

随着 20 世纪末墨西哥债务危机、东南亚金融危机等突发经济事件的爆发，金融发展理论更加注重货币金融体系稳定性的研究。区域金融研究，其关注对象大多是一个地理区域内的主权国家和地区之间的金融发展差异及金融协作等问题。实证领域的大量研究检验并证实了在新的国际经济条件下，货币金融体系通过配置金融资源作用于产出，进而影响区域经济增长的作用机理，并且强调区域经济交往过程中防范金融风险的重要性。由于发展中国家的金融体系大都不健全，金融环境发育迟缓，金融机制存在不同程度的扭曲，类似于一个不平衡的生态系统，而金融生态正是从金融发展理论的角度对金融发展规律的抽象，是借助仿生学的概念对金融内部各要素相互关系的有机反映，强调金融体系发展的可持续性。但是“金融生态”这一概念尚无确切的英文单词与之相对应，与此相关的理论创新大多发生在发展中国家，如白钦先和周小川较早地对金融生态的若干问题进行了理论探讨。虽然金融生态在概念和内涵上仍不统一，基本原理也较为零散，但仍不失为我们考察区域间金融发展差异的一个新视角。

由于发展中国家的金融体系欠成熟，尤其在二元经济条件下存在着相当规模的非正式金融，因此在分析其区域金融差异时非正规金融的区域间对比不容忽略。相比于制度要求更高的正规金融而言，具有灵活性与适应性的非正规金融在促进农村或落后地区的经济发展方面更具有现实意义。关于非正规金融的形成机制，Anders 认为政府监管政策的扭曲和金融抑制是产生非正规金融的重要原因，由于金融资源配置过程中的歧视，被正规金融排斥的潜在客户不得不依赖于非正规金融以获得融资。非正规金融在发展中国家特别是农村金融体系中广泛存在，构成了区域经济发展的一个重要特征，把握这一特征显然对于分析我国城乡以及区域之间的发展具有重要启示。

2.1.1 金融结构论

金融结构论认为，最能反映一个国家或地区的金融工具和金融机构的数量、规模的金融发展水平的是结构之间的比例，而金融发展水平与区域经济发展水平有着密切的联系。经济发达国家或地区往往拥有数量更多的金融机构、更多和更高素质的金融从业人员、更多并且更高级的金融工具、规模更大的金融资产以及更复杂的金融市场等，可以说经济发达国家或地区的金融发展水平也相应更高。

Gerschenkon 从金融数量与结构的视角进行了深入的研究，说明了金融发展与经济增长的关系。研究结果表明，由银行扮演的角色在促进资本形成、促进经济增长过程中，与一个国家的经济增长是密切相关的。

Goldsmith 认为，金融结构的变化反映了在金融发展水平的差异，研究金融结构可以揭示金融发展的规律。所谓的金融结构，指的是金融形式、性质和一个国家的金融工具及金融机构的相对规模，以及在总的金融资产和实物资产之间的关系。他的研究成果适用于分析大多数国家的金融发展与经济增长之间的关系。在他看来，有两个金融发展机制（通道），可以促进经济增长：① 金融体系的闲置资金作为储户的储蓄工具，可以有效地调动和聚集社会闲散资金，收集更多的储蓄；② 金融体系可以发挥自己的特殊功能，节省资金分配给具有较高的收益率的项目，在一定程度上提高了全社会的平均投资效率。但是，他的研究没有涉及控制经济增长的其他因素影响，也无法确定金融发展与经济增长之间的因果关系。

Patrick 指出，在经济发展处于初级阶段的发展中国家，金融发展属于供给导向型，金融推动经济增长；在经济发展进入较高阶段的发达国家，金融发展是需求跟随型，即经济增长推动了金融发展。这是因为在经济发展早期，金融发展主要体现为数量的增长；而在经济发展较高阶段的主要特征是质量的增长，随着经济的不断发展，对金融服务逐渐产生了新的需求，就产生了新的金融机构和金融产品，从而推动了金融发展。但 Patrick 的研究基本上是定性的。

Townsend 和 Diamond 的研究认为，金融机构获取以及加工处理信息的能力对解决金融市场存在的信息不对称问题是非常重要的，研究结论是，直接监督的成本要大于银行的代理监督成本，这有利于企业融资与金融机构预测。

综上所述，金融结构论取得的主要成果是：① 说明了金融发展对经济增长存在一定的推动作用；② 通过建立衡量和具体描述金融规模以及金融结构的一些定量指标，为计量分析打下了基础。当然，他们的研究也存在一些不足，主要表现为两方面：第一，没有考虑价格（利率）变量可能会对金融发展和经济增长产生的影响。现实中大多数国家对利率都会有一定程度的管制，如果市场是非均衡的，进行的研究就不能忽略价格（利率）变量。金融抑制论（金融深化论）将价格（利率）变量纳入研究视野，弥补了这一不足。第二，缺乏一个机制促进经济增长和金融发展（渠道）。金融功能理论进一步详细探讨了金融发展促进经济增长的机制（渠道）的作用。

2.1.2　金融抑制论

金融抑制论又称金融深化论，是针对发展中国家形成的理论。发展中国家的经济是非均衡的，表现为二元经济结构，其经济增长主要表现为数量的扩张，而非质的提高。Mckinnon 和 Shaw 首次将价格（利率）变量引入金融发展理论，被称为 Mckinnon-Shaw（简称 M-S）范式。理论以发展中国家作为研究对象，提出了发展中国家取消金融压抑和金融自由化的政策主张。Galbis 等在 Mckinnon 和 Shaw 的研究基础上建立了更规范和严谨的金融抑制模型，大都验证了金融抑制理论在理论与实践中的正确性。

Mckinnon 和 Shaw 指出，新古典经济学假设在发展中国家不存在有效的资本市场，只能产生内源性的资本积累。在这种情况下，实质利率高企的储蓄和投资增加的趋势，可以有效地提高资本存量，从而促进经济增长；相反，发展中国家的利率管制和直接信贷计划，并设置较高的银行储备黄金价格及政府不当的财政控制措施，使金融发展受到抑制，内源性融资行为因此加剧，从而限制了资源配置的效率，限制了资本积累和经济增长。银行贷款利率过低，会鼓励资金投入高收益的投资项目。因此，有的学者主张通过放松利率和汇率管制及增加有效利率等，来促进金融自由化，消除金融压抑。

Fry 认为，设定利率上限会对经济造成四个方面的扭曲效应：① 消费者由于利率较低会降低储蓄而更多地在当前进行消费；② 储蓄者会转而选择投资于非金融部门；③ 企业会把低息贷款用于资本密集型产业的投资；④ 贷款利率若较低的话，会使企业融资难度降低。因此，取消利率上限将促进资本形成和经济增长，并形成一个良性循环。

然而也有许多经济学家对金融自由化政策产生了质疑。如韩国、新加坡等国家和地区所实行的金融抑制政策和拉美国家金融自由化政策产生了完全不同的结果。因此，金融抑制必须是适度的，这将有利于经济的发展。Stiglitz 指出，金融市场有较高的交易成本和信息成本、外部性和信息不对称，这将更容易出现市场失灵，适当的金融抑制政策（如利率管制、直接的信贷额度和准备金要求等）将有利于纠正市场失灵，促进经济增长。Krugman 则认为，金融抑制对经济增长不会有太大的负面影响。

金融抑制的主要贡献可以总结为：① 价格（利率）变量引入金融发展理论。从发展中国家的经济发展来看，它的主要特点是经济的二元结构和市场的非均衡，因此研究这些国家的金融和经济的发展有重大影响的价格（利率）变量有理论和实践意义。② 金融自由化政策的实施将在一定程度上提高财务效率和建立稳健的金融体系，有利于吸收更多的储蓄和提高投资的效率，从而促进经济增长。实施金融自由化改革的同时，必须有协调的投/融资体制及财政和税收制度，并加强监管，以保持经济的稳定。

2.1.3 金融功能论

20 世纪 90 年代出现了金融功能理论，其显著特点是内源性的金融变量引入质量阶梯及外部性和报酬递增的规模与其他因素，并给出金融发展影响经济增长的机制（功能）。

Bencivenga 和 Smith 建立了三世代交叠模型，假设行为主体投资于高流动性、低风险但低收益资产的项目，或投资于低流动性、高风险、高回报率的项目。由于存在不确定性，行为主体喜欢流动资产，但长期收益减少。该模型的结论为：金融部门可以汇集大量的储蓄，并把这些资金投向高收益的项目，这样既可以满足资产低风险和高收益流动性并存的要求，又可以提高投资效率。

King 和 Levine 重点考察了资本积累、生产率提高与经济增长之间的关系，得出了金融发展与经济增长、资本形成和经济效率之间具有强的正相关关系的结论。

Merton 和 Bodie 提出了基于功能观点的金融理论，认为金融功能比金融机构更稳定，并且金融功能优于组织结构。他们从功能观点入手，认为应明确金融体系应具备哪些经济功能，然后再根据这些功能来设置金融机构与组织，使其能最好地行使这些功能。由此提出了金融体系的六个基本功能：① 可以提供支付和结算手段来降低交易成本，并有利于促进专业化分工；② 聚集资源并向企业分配资源；③ 对经济资源进行跨时间、跨空间、跨行业的转移和配置；④ 提供管理风险的手段；⑤ 提供价格信息，为企业根据价格信号进行决策提供依据；⑥ 提供解决信息不对称和代理问题的方法。

Levine 将规模经济、质量阶梯、外部性等要素融入模型中，将分析重点转移至金融的功能方面，详细总结了金融的功能和影响经济的渠道。Levine 突破传统的理论框架，认为经济体中存在交易成本与信息不对称，从而金融会对经济增长产生重要作用。金融体系可有以下五方面功能：① 交换、隔离、分散或汇集风险；② 改进公司治理和监督管理者；③ 配置资源；④ 动员储蓄；⑤ 促进交易、分工和创新。金融发展影响经济增长的渠道主要有两个方面：一是金融体系通过影响资本积累来促进经济增长，规模报酬递增和资本的外部性导致稳态人均资本和人均产出的持续增长；二是金融体系通过影响技术创新来促进经济增长，新技术和新产品的发明有力地推动了稳态经济增长。

总之，金融功能理论探讨了金融发展对经济增长的可能机制，阐明了内生增长的框架，探讨贷款人与借款人、金融中介对储蓄率的影响。

2.1.4　金融约束论

Hellmann 等提出了金融约束理论，对政府施加的行为进行了分析。他们认为，在金融改革初期，发展中国家政府发挥了积极的作用，推动建立国内金融体系健全、稳定地发展。有一定的政府干预可使市场起到一定的作用，但在很短的时间内难以提高资源配置效率，促进经济增长。这是因为：① 政府的固定利率低于市场平均水平，这样可以降低代理成本，提高资本配置的效率。首先，贷款利率低会相应提高借款人质量水平，可以避免逆向选择的问题；其次，低利率降低贷款的成本及借款人的道德风险（从事不当的高风险投资，以偿还高息），因此借款人的违约和破产的概率也降低了，这也保证了稳定性和安全性金融体系。② 进入政府的政策和利率控制，对现有的金融中介机构提供出租的机会和激励机制，提高服务质量，扩大网点，以及相应降低了交易成本。根据的鲍莫尔关于交易成本的货币需求理论，政府干预可以促进社会总储蓄的增长，提高信贷市场的可贷资金总额，储蓄发挥了租金效应，从而促进了经济增长。

金融抑制（金融深化）与金融约束理论有相同的地方，也有不同之处。相同点是：二者均通过政府干预的视角分析金融发展对经济增长的作用机制。当然，前者更侧重于金融通过利率机制影响经济增长，后者更强调通过信贷机制发生作用。二者的差异是：在金融约束政策下，政府制定利率限额，设立租金，然后以通货膨胀税等形式直接占用；而在金融抑制政策下政府并不占有租金。值得注意的是，金融约束政策下若是实际利率水平过低而带来资产替代效应，将会抵消由金融约束政策所带来的租金效应，因此可以说具有阶段有效性。

2.1.5 金融法权论

金融法权论则关注制度、金融和经济增长的复杂关系，重视金融结构背后的制度基础研究，特别是制度对金融和经济增长的影响，认为影响经济增长的最重要因素是建立完善的法律制度和切实保护投资者的权益。代表人物有Porta、Beck、Levine、Rajan 和 Zingales 等。他们研究发现，金融结构本身无法解释经济增长的差异性，金融促进经济增长的背后机制实际上是提供金融服务，而法律则是保证金融服务质量的制度基础。

Porta 等研究了资本市场的重要性与为投资者提供的保护两者之间的关系，发现一个国家若能更好地保护股东和债权人的权益，那这个国家相应就有更深和更广的资本市场。他们还检验了法律对于保护投资者的利益是否有效，结论是：拥有习惯法传统的国家能更有好地保护投资者，其金融发展要好于成文法国家。Levine 和 Beck 等的研究结论都支持这个观点，认为总体的金融发展不仅包含市场和中介，还包括政治和法律。

2.2　金融发展与经济增长关系的实证研究

关于金融发展与经济增长之间关系的综述类文献已有很多，但也存在着广泛的争议，相关的实证分析也得出了差异性的结论。从现有的理论观点看，金融发展与经济增长之间的关系存在以下四种可能：

第一，金融发展与经济增长两者之间没有相关关系。这一观点为多数新古典经济学家所持有，他们认为经济增长和金融机构会同时各自按照自身的逻辑增长。例如，Lucas 认为过分强调了金融要素在经济增长中的作用；Dombuseh 和 Reynoso 认为金融部门一般不会对人均 GDP 水平产生影响(除非它被严重扭曲)。该观点的不足之处是忽视了制度问题。

第二，经济增长导致金融发展。此观点为现代制度学派经济学家所持有，可称为金融发展的需求跟随论，他们认为经济的增长带来金融机构的发展变化，促进金融市场的建立。例如，有学者认为金融发展是经济增长导致的结果，即社会对金融业的服务随着经济的增长会产生新的需求，从而带动金融的发展。

第三，金融发展影响经济增长。这里包含三层含义：① 金融发展是经济增长的前提条件，许多研究发达国家金融发展问题的学者都赞同这一观点，对经济史的研究和在理论上的分析都表明，金融体系若不完善，那将肯定会阻碍经济增长。② 金融发展会推动经济增长，此观点由 Schumpeter 提出，他认为金融体系在不存在阻碍经济增长的其他因素影响的情况下，将会产生持续不断的经济高增长，又如，Hicks 系统阐述了金融发展通过促使资本流动来推动工业革命的发生，进而促进经济增长。③ 金融发展是经济增长的障碍，持这一观点的经济学家包括 Krugman 等，他们认为金融体系具有内在的不稳定性，金融领域的泡沫和货币危机对经济增长会产生负面影响。

第四，金融发展和经济增长互相影响。有学者的研究既能表明金融发展导致经济增长，也能证明经济增长引起金融发展。这些学者包括 Gupta、Jung、Demetriades、Hussein、Robert、Zingales 等，他们一般使用了格兰杰因果检验法，验证了金融发展与经济增长之间的因果关系。他们发现绝大部分国家的金融机构发展与经济增长的影响是双向的。还有的研究认为金融发展可以降低企业融资成本，以此角度证明了金融发展和经济增长之间存在因果关系。

另外，还有一些研究认为，不同发展阶段和在不同国家里，金融发展和经济增长之间的相关关系和因果关系会表现得有所不同。Patrick 就提出了著名的 Patrick 假说——在发展中国家,金融发展是供给导向模式,即金融发展推动了经济增长,金融机构和相关金融服务的供给领先于需求,这种情况下改革金融体制、提高金融效率的政策将有利于经济增长;在发达国家,金融发展是需求跟随模式,即金融发展伴随着经济增长,经济主体在经济的增长中产生对金融服务的需求,这种情况下应该寻找其他促进经济增长的政策。Deidda 和 Fattouh 的研究发现,金融发展与经济增长之间在低收入国家没有相关性,但在高收入国家则二者关系非常显著。吴信如也指出,各经济体在参数上的差异,导致其从金融发展中获益的程度也不同。

另外,即使针对同一国家或地区,由于样本时间区间不同和使用的金融发展指标、计量方法不同,得出的结论也可能有所不同。例如,Aziz 和 Duenwald 指出中国的金融发展与经济增长之间没有相关关系;Boyrean 则认为两者存在负相关关系;Cheng 和 Degyrse 则发现金融发展对中国经济增长具有显著正面作用。

从宏观层面研究金融发展与经济增长之间所使用的实证方法主要有两种:第一,基于跨国截面或面板数据,运用动态面板的方法;第二,针对某一个国家或地区一定时期内的时间序列数据,运用单位根检验、协整检验和格兰杰因果检验等计量方法。下面就按照这两种方法对有关金融和经济增长的相关实证研究分类综述。

2.2.1 基于截面或面板数据的相关实证研究

Goldsmith 的研究中使用了 1860～1963 年 35 个国家和地区的有关数据,较早地对金融发展与经济增长的关系进行了实证研究。Goldsmith 以人均实际 GDP 来衡量经济增长,用 8 个指标来作为解释变量,用来衡量金融的结构和规模。Goldsmith 自创了一个解释变量指标——金融相关比率(FIR)。金融相关比率第一次呈现出快速上升的趋势,然后趋于稳定,直接融资所占比重上升。检验发现,发达国家的金融相关比率比欠发达国家要高,从而认为金融发展与经济增长是正相关的关系。

King 和 Levine 使用 80 个国家和地区 1960～1989 年金融服务及服务机构中有代表性的相关数据检验了金融发展与经济增长的关系。研究运用金融发展指标的初始值作为工具变量,系统地控制了影响经济增长的其他因素,构造了衡量金融发展的指标,对这些国家和地区在实际产出增长率、资本累计增长率以及投资所占 GDP 百分比方面存在的差异进行回归分析，证实了金融发展不是简单地伴随经济增长，而是驱动经济增长的重要原因。他们使用的计量方程为：

$$\mathrm{GROWTH}_{it} = \gamma_0 + \gamma_1 \mathrm{FINANCE}_{it} + \gamma_2 \mathrm{CONTROL}_{it} + \varepsilon_{it} \tag{2-1}$$

式中，GROWTH 表示经济增长指标，用各个国家和地区 1960～1989 年的人均实际 GDP 的平均增长率（GYP_i）、人均实际物质资本的平均增长率（GKP_i）和全要素生产率的平均增长率（$\mathrm{EFF}_i = \mathrm{GYP}_i - 0.3\mathrm{GKP}_i$）三个指标来衡量；FINANCE 表示各国金融发展指标，包括度量金融规模的指标 DEPTH（准流动负债与国民收入的比值）、衡量金融效率的指标 PRIVY（提供给非金融私人部门的信贷与国民收入的比值）和反映金融结构的指标 Bank（银行的国内资产占国民收入的比重）；CONTROL 表示控制变量，即影响经济增长的其他因素。

他们首先用最小二乘法进行了估计，结果表明金融发展和经济增长之间存在强的、正向的相关关系，然后使用工具变量法证明每个 10 年初的金融发展与之后 10 年的经济增长也显著正相关，从而证实了金融发展是经济发展的内因。

随后，Beck、Levine 和 Loyaza 以改进的计量方法进一步拓展并验证了两变量间的因果关系。Christopolous 和 Tsionas 也发现了金融发展对经济增长存在长期单向的因果关系。

Rousseau 和 Wachtel 指出了上述模型的不足之处是金融发展变量和经济增长变量的同时性问题或逆向因果关系。随着经济的发展，影响金融服务需求的收入弹性很大，富人对银行业服务有很大需求，因此一国（或地区）的金融部门可能会很好发展，这就可能产生逆向因果关系。解决这一问题的经济计量方法是使用向量自回归（VAR）模型，该模型的好处是能探索到变量之间的动态交互关系。VAR 模型多适用于单个国家或地区的金融发展和经济增长的实证研究。Wachtel、Rousseau 和 Wachtel 也用向量自回归模型对一小部分国家和地区进行了实证研究，得出的结论与一般的跨国实证研究结论相一致。

Odedokun 使用了 71 个国家和地区 1960～1980 年的面板数据，使用最小二乘法分别对所有国家和地区的面板数据、将国家和地区按照区域分为三组、单独每一个国家和地区这三种情况进行了估计，得出的结论是：金融发展对经济增长具有正效应，并且高收入国家和地区金融发展对经济增长的正向影响要小于低收入国家和地区。

Levine 和 Zervos 研究发现，银行发展指标和股票市场流动性指标对长期经济增长、资本积累和全要素生产率产生了显著的正向推动作用，表明股票市场发展和银行发展在促进经济增长方面发挥了互补效应。

Levine 等利用 47 个国家和地区 1976～1993 年的系列数据考察了法律环境、金融发展和长期经济增长之间的关系。他提出用三个指标衡量一国的法律环境:第一个指标是保护债权人的债券程度;第二个指标是合同的有效性;第三个指标是法律制度完善程度。研究结果显示了法律环境和银行业发展的关系。法治环境指标作为工具变量,用它来替代银行发展指标,然后利用 GMM 方法估计了银行发展与经济增长两者之间的关系,结果发现银行发展与人均 GDP 增长、物质资本积累和全要素生产率之间存在稳健的正相关关系。

Calderon 等基于 1960～1994 年 109 个发达国家和地区与发展中国家和地区的数据,运用面板 VAR 计量模型和 Geweke 分解技术来检验金融发展与经济增长两者之间的因果关系。通过检验他们发现:① 在 109 个国家和地区中,金融发展一般而言是经济增长的原因,能导致经济的增长;② 若将样本分为 22 个发达国家和地区与 87 个发展中国家和地区两个子样本,则对发达国家样本集和发展中国家样本集所进行的实证结果显示,金融发展与经济增长呈现互相推动促进的作用,存在双向的格兰杰因果关系;③ 金融发展的增长效应可以长期影响经济增长;④ 金融发展是通过推动资本积累和推动技术进步这两条显著渠道来促进经济增长的,并且相比之下,这种促进效应在发展中国家显著强于发达国家。

李广众在控制其他影响经济增长因素的基础上,选取中国多个省份 1996～1999 年的数据,使用以下计量模型检验了金融发展对经济增长的作用:

$$Y_i = \alpha \text{Bank}_{96} + \beta \text{Stock}_{96} + \sum \gamma_i X_i + \varepsilon \qquad (2\text{-}2)$$

式中,Y_i 代表经济增长指标。Bank 衡量了中国金融中介发展水平(国有银行各项贷款/GDP)。Stock 衡量了中国股票市场的发展水平,具体包括:① 反映股票市场规模的指标 CAP(上市股票的市价总值/GDP);② 反映股票市场流动性的指标 VALUE(股票市场总成交额/GDP);③ 反映股票市场交易成本的指标 TURN(股票总成交金额/股票平均市价总值)。X_i 表示其他影响经济增长的因素。

对截面数据回归的结果显示:中国的银行发展的作用在于提高居民银行储蓄率以及投资规模,而对长期经济增长的直接作用不显著。

王景武利用误差修正模型和格兰杰因果关系检验了 1990～2002 年中国各区域的金融发展和经济增长的关系。他使用协整方法检验了两者之间的长期均衡关系，运用格兰杰因果关系检验、确定了两者之间的因果关系。研究显示，中国区域金融存在显著的差异，东部地区金融发展对经济增长具有显著的促进作用；中部地区金融发展和经济增长之间不具有协整关系；西部地区金融发展对经济增长具有一定抑制作用。不过，他在选择金融发展的指标时舍弃了股票市场发展指标。

陈刚等对我国 1994 年税制改革后的金融发展与经济增长的耦合机制进行了实证研究。在一个标准的增长回归模型中增加了解释变量，分为 1979～1993 年、1994～2003 年和 1979～2003 年三个时间段，结果表明：中国的金融发展主要是通过动员储蓄、加速积累资金和其他渠道来促进经济增长。税制改革导致财政恶化，影响了金融发展与经济增长的良性促进关系。

冉光和等采用单位根检验，协整检验和误差修正模型，从长期关系和短期金融发展与经济增长之间的关系对中国的东部和西部进行了比较研究。结果表明：东部市场经济发展的程度均高于西部市场；对于西部地区，长期的国家政策性投资将导致经济增长，但在短期内的效果并不明显。

另外，类似的研究还有周立、林毅夫等。

总的来说，国外学者基于跨国截面/面板数据的实证研究得出了金融发展会显著促进经济增长的结论。而国内学者利用中国省份数据做的分析并没有给出明确一致的结论，多数研究显示：经济增长一般与金融规模的关系不显著，而与金融效率指标则存在显著的正相关关系。

2.2.2　基于时间序列数据的实证研究

Jung 基于 56 个国家和地区（包括 19 个发达国家和地区及 37 个欠发达国家和地区）1951～1980 年的数据检验了每个国家和地区金融发展与经济增长的关系。他选取了现金比率（流通中现金 M_0/狭义货币供应量 M_1）和货币化程度（广义货币供应量 M_2/GDP）两个指标来衡量金融发展程度，选取实际人均 GDP 来衡量经济增长，选取最大滞后期为 2 年对金融发展和经济增长进行了格兰杰因果关系检验。

Arestis 和 Demetriades 基于德国 1979 年第二季度至 1991 年第四季度、美国 1979 年第四季度至 1991 年第四季度和韩国 1956～1994 年的数据，通过建立 VAR 模型，利用单位根检验、Johanson 协整检验（该检验用来确定变量间的长期均衡关系）以及弱外生性检验（此检验用来确定变量因果关系）等方法，分析了三个国家金融发展与经济增长的关系。经济增长均采用人均实际 GDP 来衡量，德国和美国的金融发展选用的是金融深化指标（德国采用 M_2/名义 GDP，美国采用银行信贷/名义 GDP）、股市资本化指标以及股市收益率变动性指标来衡量，韩国的金融发展用反映金融抑制的指标来衡量。检验结果显示，三个国家的金融发展和经济增长之间存在长期的相关关系：德国和美国股市发展促进了经济增长，金融深化与经济增长两者之间是互相促进的；韩国的金融自由化进程则促进了经济增长。

Rousseau 和 Wachtel 研究检验了 5 个经济发达国家在资本主义发展早期阶段的金融发展与经济增长之间的关系。测试结果显示，这 5 个国家的金融发展有一个显著的特点，即金融发展与经济增长的影响是不显著的。这一结论支持了 Patrick 的金融发展在经济发展初期更可能是供给导向型的假说。

Xu 以 41 个国家和地区 1960～1993 年的系列数据为样本，利用 VAR 模型（向量自回归）检验了金融发展对产出和投资的增长效应。实证结果同样支持了 Patrick 供给导向型的假说。

Shan 等基于 OECD 中 9 个成员国外加中国的系列数据，检验估计了金融发展与经济增长的因果关系。结果表明，这两个变量之间的因果关系是不同的：2 个国家不存在因果关系，3 个国家金融发展是经济增长的单向原因，5 个国家是双向因果关系。

Arestis 等基于 VAR 模型的实证分析了 5 个工业化国家的经济表现、以银行为基础的金融体系及以市场为基础的金融体系，他们选择了德国、日本、法国、美国、英国这五个以市场为导向的国家作为研究对象。结果显示：① 金融部门促进经济增长的影响远远大于股市发展；② 在以银行为主的国家金融发展促进了经济增长；③ 除美国外，其他国家股市的波动可能会阻碍经济的增长。

国内学者谈儒勇基于 1994～1998 年数据对中国金融发展与经济增长的相关关系做了实证研究，他的出发点是股市和金融中介机构，并用最小二乘法实证分析，发现有一个显著的正相关关系存在于金融中介和股票市场发展与经济增长之间，它们之间存在着互补的关系。

曹啸等研究发现，中国金融的发展在促进经济增长的金融资产和金融资产的数量扩张规模中起到越来越大的作用，而不是通过增加财政资源来实现分配的效率。

史永东等以 1978～1999 年的数据为样本，运用柯布-道格拉斯生产函数、相关分析和格兰杰因果检验法进行实证，结果表明：我国金融发展与经济增长之间存在很高的相关度，并存在双向因果关系。

谭艳芝等在1978～2001年数据的基础上，使用OLS方法（最小二乘法）对促进经济增长的因素进行了实证研究，将引起经济增长的影响因素分为两大类：量的因素（包括储蓄、投资和资本积累）和定性因素（包括资本的边际生产率和全要素生产率）。在此基础上，对两种因素的影响下的金融发展对经济增长进行了测试。最后得出结论：金融发展对经济增长量的因素呈现出显著的积极作用，但对质的因素影响效应显著为负。此外，金融发展对经济增长速度的影响并不显著。

赵振全等实证分析了中国的股市和信贷市场的发展对经济增长的影响。结果表明，股市表现并不明显，信贷比例的增加对经济增长起到了重要的作用。究其原因，是国内储蓄通过贷款规模的不断扩大，确保信贷市场的资本充足率，并促进经济增长。逆配置的股票市场资源，通过股市融资的低效利用促进经济增长的影响是微弱的。

周好文等收集了我国东、中、西部省份1982～2002年的数据，汇总了三个主要经济区域的金融发展与经济增长的数据。通过单位根检验、协整检验和格兰杰因果检验了的东、中、西部金融发展与经济增长的相关性和因果关系。实证研究结果表明，不同地区之间的关系是不同的，东、中部地区之间存在双向因果关系，形成了一个良性互动的关系；西部地区金融发展与经济增长之间的因果关系则不显著。

康继军等基于1990年第四季度至2003年第四季度的数据，利用误差修正模型（VECM），采用了中国金融发展和增长的长期与短期因果关系的格兰杰因果关系检验方法，协整了金融发展指标与经济增长指标，建立了误差修正方程中的变量的方程。结果表明：在短期内，国内生产总值增长，金融中介机构的发展和股市发展存在双向因果关系，国内生产总值增长的格兰杰原因是金融业的发展。

武志在对我国金融发展水平中虚假成分进行了制度性剔除的基础上研究发现，我国经济增长促进了金融发展，并提出了新的理论假说：虽然金融发展能够促进经济增长，但金融发展的内在质量只能由经济增长所引致。

另外，类似的研究还有米建国、李建伟、王志强，孙刚、冉茂盛等。

综上所述，国外的研究在经验结果的时间序列数据上是不明确的，大多数国家的金融发展是经济增长，但有一些国家有一个反向关系或没有因果关系。国内的研究一般以中国整体或东、中、西部为研究对象，但是实证结果对不同地区、不同指标、数据区间的选取非常敏感。

2.3 本章小结

本章对金融发展理论、金融发展与经济增长关系的实证研究进行了回顾和综述，可以看出以上的理论以研究两者的相关因果关系以及两者的传导机制为主。

国外学者的许多实证研究得出了金融发展会显著影响经济增长的结论，但是也有一些存在反向关系或者没有因果关系。国内的研究一般以中国整体、各省份或东中西部为研究对象，多数研究显示：一般来说，金融效率指标与经济增长存在显著的正相关关系，因果关系具有稳健性；而金融规模指标与经济增长的关系不显著，因果关系也不明确。随着研究的进一步深入，单纯从金融-增长间的直接因果关系来研究已经不能满足要求，衡量指标的细化和计量方法的改进推动了从金融发展与要素积累、技术进步等因素间关系的研究。金融发展具体通过何种渠道途径与传导机制对经济增长产生作用仍存在一定争议，其制约机制、影响因素与有效性等方面的问题也没有达成理论共识。从宏观视角而言，金融发展对经济增长的传导机制主要可以分为以下两个方面：

第一，资本积累渠道（又称为要素积累渠道或数量型渠道）强调金融体系通过加速资本积累进而推动经济增长。该观点认为，随着金融中介的发展，市场摩擦得以降低，国内储蓄率相应有所提高，这样就能有效吸引国内外的资本并提高了投资水平，资本积累水平就能快速增加，从而促进了经济增长。这方面的研究中，有学者认为金融市场的不断完善会相应提高资本积累规模与效率，也就是说，金融发展会使资本存量得到更有效的利用，进而推动经济增长。另外，有学者侧重说明金融自由化对促进国内储蓄与投资的影响，因为金融自由化政策带来的高利率会显著提高居民的储蓄动力，金融发展通过储蓄这一新的传导机制与渠道促进投资水平的提高，推动经济增长。

第二，全要素生产率渠道（又称技术进步渠道或质量型渠道）强调金融体系通过提高全要素生产率进而推动经济增长。全要素生产率通常指资本和劳动等各要素投入之外的技术进步和能力实现等导致的产出增加。在传统意义上，经济学家经常将全要素生产率和技术进步相互替代或不作区分，但是实际上全要素生产率的含义要更宽更广，它衡量的是除去投入要素对经济增长贡献以外的所有余值。因此，全要素生产率不仅包括技术进步，而且还包括因规模经济、管理改进和资源配置方式改变而导致的生产效率的提高等。有学者的研究强调金融中介可有力推动技术创新，因为金融体系若是功能完善的话，就可以从资金盈余部门筹集储蓄，并把汇集的资金用于投资、评估投资项目、监督及促进交易等方面。另外，金融机构还能以较低的成本收集企业的详细信息。也有学者认为，金融中介所提供的低成本的信息会影响资源配置与生产率的增长，从而有效地配置储蓄给生产性企业。因此，金融体系的发展直接影响了技术的变革以及提高了生产率，从而提高了社会的总体产量。这种情况下，金融发展不需要通过影响储蓄率，而是通过更好地配置储蓄来推动经济增长。

总体而言，资本积累渠道可以有效吸引国内外资本，通过这种途径来增加储蓄，促进资本积累水平提高与经济增长；而全要素生产率渠道则可以通过推动技术进步与创新、提高储蓄配置效率来带动经济增长。下一章将会结合经济增长理论，并提取其中的金融过程，来构建金融发展对经济增长的作用机制框架，以进一步分析两者的间接传导渠道。

第3章 金融发展对经济增长传导机制的理论分析

金融发展理论所研究的核心内容是经济增长与金融发展之间的相互影响关系，这不仅包括从理论和计量层面深入探讨两者的相关性和因果关系，并且还包括研究两者之间的作用机制。大量的研究表明，金融发展与经济增长之间存在显著相关性，并且金融系统的发展可以通过促进资本积累和提高资本配置效率等途径影响经济增长。所以，本章详细梳理了经济增长理论模型中所体现的金融过程，并在此基础上构建了金融发展对经济增长影响机制的理论框架。

3.1 经济增长理论模型中的金融过程

经济增长是指一国一定时期内生产的产品和提供的服务总量的扩大，表现为GDP或者人均GDP的增长，可以看作是生产可能性边界随时间向外的推移，其最明显的特征就是国民收入或人均国民收入的持续增加，让人们享受到更多的产品和服务。经济增长用经济增长率来衡量，分为总量增长率和人均增长率。所有的经济增长理论都是在探究和回答“经济增长的决定因素是什么或者说经济增长的源泉是什么”这样一个最为核心的问题。

现代经济增长理论的发展大体可以概括为以下几个阶段：① 20世纪40～50年代，各国经济高速增长，需要寻找经济稳定增长的途径，建立经济增长模型成为该阶段的研究特点；② 20世纪60年代，从模型的讨论转移到影响因素的讨论，主要讨论为什么有的国家快速增长，而有的国家的增长比较慢，这其中究竟哪些因素起主要作用；③ 20世纪70年代，经济经历战后的高速增长之后，暴露出许多问题，如环境问题、资源枯竭问题等，所以这个时期关于经济增长的研究更多关注增长的持续问题，即研究经济增长极限；④ 20世纪80年代，随着新技术革命的形成和展开，探讨知识促进经济增长进入了一个新的阶段，以Romer和Lucas为代表的经济学家认为，人力资本投资、知识积累会积极推动经济持续增长，这种模式称为知识外溢长期增长模式；⑤ 20世纪90年代以后，把影响增长的因素逐渐扩大，不仅仅考虑简单的生产要素的投入问题、技术进步问题，而且把经济增长的影响因素扩大到制度层面，把人类的习惯、文化、政治制度等同样列为影响经济增长的重要变量，即进入新制度经济学时代。

尽管影响经济增长的因素复杂多样，作用路径和机理也存在差异，但是经济增长的直接来源都只有两个：一是生产要素投入量的增加；二是生产要素使用效率（即生产率）的提高。除了这两个因素之外的其他因素都是间接因素，是通过某种方式影响这两个直接因素进而作用于经济增长的。大量的观测分析发现，资本积累、人口增加、技术创新及其扩散、制度创新和经济结构转型升级是各国实现快速工业化和可持续经济增长的基础。

综上所述，经济增长的直接源泉是要素投入的增加和生产率的提高。因此，通过梳理西方经济增长理论来认识和理解其中的金融过程，是研究金融对经济增长的作用机制的有效办法。

3.1.1　古典经济增长理论

亚当·斯密在《国富论》一书中提出通过社会分工提高劳动生产率就可以创造更多的财富，再后来经过多个经济学家的阐述，都论述了怎么促进经济增长的问题，但都没提出专门研究经济增长的模型。随着凯恩斯主义的逐渐流行，其理论也逐渐被其他经济学家所接受。1948 年，罗伊·福布斯·哈罗德系统地提出了他的增长模型。几乎与此同时，埃夫塞·多马也独立地提出了与哈罗德模型基本相同的增长模型。由于两种模型的相似点较多，后人常将两者统称为哈罗德-多马模型，它是古典经济增长理论的典型代表。哈罗德-多马模型的主要假设有：① 不发生技术进步（哈罗德中性假设），即“边际资本-产量比”等于“原有资本-产量比”；② 资本折旧等于零；③ 国民收入水平决定储蓄水平，即 $S=sY$（其中，S 为总储蓄，s 为储蓄率，Y 为总国民收入）；④ 社会只生产一种产品，既可以是消费品，也可以是投资品；⑤ 生产过程仅有两种生产要素，即劳动和资本；⑥ 生产的规模报酬不变；⑦ 储蓄可以有效地转化为投资。

“资本-产出比”是指资本存量与国内生产总值的比值。如果用 K 表示资本存量，用 Y 表示总产出，则 $\nu=\dfrac{K}{Y}$ 称为资本-产出比。把每增加一单位资本所带来的产品数量的增量定义为资本的边际产出 δ，则 $\delta=\dfrac{Y}{K}=\dfrac{1}{\nu}$。

由于假设生产的规模报酬不变，因此增量的资本-产出比等于平均的资本-

产出比，即：

$$\nu = \frac{K}{Y} = \frac{\Delta K}{\Delta Y} \tag{3-1}$$

资本的边际产出 δ 可表示为：

$$\delta = \frac{1}{\nu} = \frac{\Delta Y}{\Delta K} = \frac{Y}{K} \tag{3-2}$$

假设不存在资本折旧，因此资本的增量就等于当期总投资，即：

$$\Delta K = \frac{\Delta Y}{\delta} = I \tag{3-3}$$

在一个封闭经济中，储蓄总是等于投资，所以有：

$$I = \frac{\Delta Y}{\delta} = sY \tag{3-4}$$

由此可以得到经济的均衡增长率为：

$$g = \frac{\Delta Y}{Y} = s\delta \tag{3-5}$$

通过以上的假定，哈罗德-多马模型得出的经济增长率取决于储蓄率和资本产出比的比值，即 $g=s\delta$。其中，g 表示经济增长率，s 表示社会的储蓄率，δ 是资本-产出比。由于假设 δ 不变，因此储蓄率 s 就成了决定经济增长速度的唯一因素。

3.1.2 新古典经济增长模型

美国经济学家索洛和斯旺试图解释经济增长的过程及原因，各自提出了一个具有代表性的新古典经济增长模型，被称作"索洛-斯旺经济增长模型"。库普曼斯和卡斯在新古典经济增长模型中引入拉姆齐的跨期最优储蓄理论，考虑消费者这一市场经济主体的最优决策行为，通过家庭有关消费和消费-储蓄之间关系的最优决策，把新古典经济增长模型中的储蓄率由模型内生化，称之为"拉姆齐-卡斯-库普曼斯模型"。除此还有戴蒙德的世代交叠模型，同样把储蓄率作为模型的内生变量来分析。以上研究为新古典经济增长理论奠定了理论基础和研究框架。

索洛-斯旺模型放宽了哈罗德-多马模型中资本-劳动比率和资本-产出比例，都是固定不变的假设、资本变量和劳动变量不能相互替代的假设和不存在技术进步的假设，主要围绕生产函数和资本积累函数来展开研究。假定生产中只使用劳动力(L)和资本(K)两种生产要素，把产出记为 Y，则经济增长过程可以表述为：

$$Y_t = AK_t^{\alpha}L_t^{\beta} \tag{3-6}$$

式中，Y_t 为总产出；K_t 为资本存量；L_t 为劳动者数量；A 为生产技术的参数；α、β 为产出弹性。

假定 $0<\alpha<1$，$0<\beta<1$，则可以进一步推导出人均形式表示的生产函数：

$$\frac{Y_t}{L_t} = A\left[\frac{K_t}{L_t}\right]^{\alpha} \tag{3-7}$$

用小写字母表示人均值，即 $y=Y/L$ 为每个工人的产出，$k=K/L$ 为每个工人的资本量，则上式可以改写为：

$$y_t = Ak_t^{\alpha} \tag{3-8}$$

进一步推导可以得到增长方程：

$$g_{\mathrm{y}} = g_{\mathrm{A}} + \alpha g_{\mathrm{k}} \tag{3-9}$$

因此在索洛-斯旺模型中，经济最终将收敛到均衡增长路径，在均衡经济增长路径上，人均产出 Y/L 的增长率唯一地由技术进步速度 g_{A} 决定。

索洛-斯旺模型用资本积累方程来描述资本是如何实现积累的。下式就是以人均值表示的资本积累方程表达式：

$$\bar{k} = sy - (n+\delta)k \tag{3-10}$$

通过式(3-5)和式(3-7)可以推导出：

$$k^* = [sA/(n+\delta)]^{1/(1-\alpha)} \tag{3-11}$$

$$y^* = A[sA/(n+\delta)]^{\alpha/(1-\alpha)} \tag{3-12}$$

式(3-11)和式(3-12)说明了储蓄率和技术进步通过促进资本形成从而推动经济增长。

索洛-斯旺模型还给出了著名的经济增长率来源的分解公式，成为判断经济增长过程中各种要素贡献程度的主要方法。另外，从索洛-斯旺模型中得到了一个重要结论，即经济系统中物质资本(也称为有形资本)的累积既不能解释不同区域间人均收入上巨大的差异，也不能解释人均产出上的大幅增长。这说明除了资本累积以外，还有为经济增长提供持久作用力的重要因素，这个因素被称为索洛余值或全要素生产率。索洛-斯旺模型的不足是把其他影响经济增长的潜在原因视为外生的(技术进步情形)或者忽略它们(如资本的正外部性)。因此，研究经济增长问题必须在索洛-斯旺模型的基础上予以进一步的扩展。

Barro 给出了一个被称为 Barro 形式的先验式回归方程，据此考虑各种因素对经济增长的影响。Mankiw 等在索洛-斯旺模型的基础上引入了人力资本积累，构建了被称为是MRW框架的经济增长模型。他们指出，传统的索洛-斯旺模型没有考虑人力资本积累，回归方程存在严重的变量缺失问题，从而不能很好地解释不同国家之间的收入差异；而包含人力资本积累的新古典增长模型对解释发展中国家人均收入差异的能力高达78%，从而解释了国家间收入差异的问题。Mankiw以及后续的一批学者通过不断完善新古典增长框架来解释不同国家之间经济增长以及收入水平的差异，被称为是“新古典复兴”。他们认为，资本（包括物质资本和人力资本）投入差异是收入水平差异的重要原因，全要素生产率则对解释收入水平差异的贡献不大。随后的研究也出现了许多不同的观点，Klenow等修正了人力资本投资水平指标，同时深入考察了中学、小学两类教育对人力资本水平的影响程度。他们的研究结论是，资本投入（包括物质资本投资以及人力资本投资）对不同国家之间收入水平差异仅仅能解释20%，全要素生产率则是导致收入差异的一个重要因素。上述文献存在的问题是认为全要素生产率（TFP）是外生的，为此有些学者在研究中将全要素生产率内生化，比较重要的可参见Cordoba和Ripoll的研究。

总之，新古典增长理论认为经济增长率取决于外生的人口增长率和技术进步而独立于储蓄率。

3.1.3 内生经济增长理论

古典和新古典经济增长模型均称为外生经济增长模型，虽然其在揭示经济增长本质上起到了重要作用，但没能对一些重要问题给出令人信服的回答。为此，内生经济增长理论应运而生，该理论假定资本边际收益为一正常数，并且内生经济增长模型建立在非完全竞争的经济系统内，此时可以用垄断利润来激励技术进步研发和投入，从而内生地实现了持续的技术进步，也就是说，实现了将技术进步因素内生化。

然后，许多经济学家开始从人力资本、技术进步和金融发展等角度具体分析经济增长过程。Romer提出了一个有代表性的内生经济增长模型，使规模收益递增的生产技术融合到了经济增长的过程中，从而使经济实现持续增长。Uzawa和Lucas构造了两部门的内生经济增长模型，说明了通过资本积累过程中人力资本和物质资本之间的替代来实现内生经济增长可以产生溢出效应，从而经济可以实现持续增长。Barro和Becker等则讨论了劳动供给内生化的机制及效应，更加突出了劳动力市场的作用，对揭示劳动力需求和供给起到了重要作用，扩展了传统经济增长模型中人口外生增长的假设。Pagano将金融因素引入内生增长理论，建立了一个有关金融与增长的简单而有说服力的 AK 模型。下面我们简单介绍一下相关的内生增长模型。

（1）知识积累模型

知识积累模型认为，知识具有“溢出效应”，研发部门已创造的知识既有利于提高自身的研发效率，也通过知识溢出效应提高整个社会的生产率。罗默在索洛-斯旺模型的基础上引入了研发部门的知识积累方程，经过进一步的推导得出了内生的经济增长模型。罗默模型的资本积累方程和总量生产函数均与索洛-斯旺模型非常相似，采用柯布-道格拉斯函数来表示生产过程，并且生产函数以人均值的形式表示，如式(3-8)所示。对个体的资本积累方式则是给定一个储蓄率 s，且假设资本的折旧率是外生的，具体的形式如式(3-10)所示。罗默模型与索洛-斯旺模型不同的地方是其引进了一个知识积累方程，该方程用来描述技术进步。另外，知识的积累速度取决于两个因素：一是现有知识存量的规模；二是发明新知识的速度，因此可以由下式表示：

$$A = \omega A^{\varphi} \tag{3-13}$$

在上式中，ω 是一个大于零的常数，表示新发明创造形成的速率。φ 表示 t 时期知识存量对新发明创造的外部性，分为以下三种情况：① $\varphi=0$，表明研究发明的效率与现存知识存量两者之间没有关系；② $\varphi>0$，表明两者存在正向的变动关系；③ $\varphi<0$，表明两者存在反向的变动关系。

将式(3-8)、式(3-10)和式(3-13)进一步推导，可以求得人均产出、资本、知识增长率 g_y、g_k 和 g_A：

$$g_y = g_k = g_A = \frac{\omega}{1-\varphi} \tag{3-14}$$

上式表明了知识积累方程中参数会决定经济的长期增长率。ω 越大，则 g_y、g_k 也越大，经济增长速度越快；φ 越大，经济增长速度也就越快。因此，ω、φ 对经济增长起到了正向效应。

（2）人力资本模型

人力资本指的是生产过程中的劳动力所具有的能完成生产任务的特定的知识、技能和工作能力。个人的储蓄是既定的，储蓄在物质资本和人力资本两者之间如何分配就决定了这两者的积累速度和总量。因此，可以推导出经济增长的生产函数为：

$$y_t = k_t^{\alpha} h_t^{\beta} \tag{3-15}$$

在上式中，y_t、k_t、h_t 分别代表 t 时期的人均产出、人均物质资本存量和人均人力资本存量；α、β是常数，表示t时期的产出弹性系数。假设物质资本和人力资本两生产要素边际生产率严格为正，并且存在递减效应，且$0<\alpha<1$、$0<\beta<1$。

假定物质资本不存在折旧，并且人口数量设定为1，那么可以推导出物质资本积累方程，表示如下：

$$\dot{k} = s_k y \tag{3-16}$$

式中，s_k为物质资本储蓄率。

$$\dot{h} = s_h y \tag{3-17}$$

式中，s_h表示人力资本储蓄率，也就是人力资本积累在所有资源中所占的比例。

还需说明的是，物质资本储蓄率s_k与人力资本储蓄率s_h之和等于总储蓄率s。

将式(3-15)、式(3-16)和式(3-17)进一步推导，可以得出人均物质资本增长率、产出增长率g_k、g_y：

$$g_y = g_k = s_k^{\alpha} s_h^{\beta} \tag{3-18}$$

上式表明，个人将其储蓄按照适当的比率投资于物质资本和人力资本，这样可以提高劳动生产率，经济增长得以内生是由资本积累决定。

(3) AK模型

AK模型假定资本的边际收益为1，很好地解释了"富国越富"的世界。

假设生产函数为：

$$Y_t = AK_t \tag{3-19}$$

式中，Y为总产出；K为总资本积累；A为资本K的边际生产率。

另外，还可以推导出总投资的公式：

$$I_t = K_{t+1} - (1-\delta)K_t \tag{3-20}$$

式中，I为总投资；K为资本；δ为当期的折旧率。

上式明确表示出了总投资I与资本K的关系。

假定为维持金融系统稳定运行(金融中介成本)必须要利用部分储蓄，假设其比例为$(1-\varphi)$，那么：

$$I_t = \varphi S_t \tag{3-21}$$

式中，S为总储蓄。

另外，经济增长率还可以表示为：

$$G_{t+1} = \frac{Y_{t+1}}{Y_t} - 1 \tag{3-22}$$

将上述三个方程式(3-19)～式(3-21)代入经济增长率的方程式(3-22)，可以得到下式：

$$g = A(I/Y) - \delta = A\varphi(S/Y) - \delta = A\varphi s - \delta \tag{3-23}$$

式中，g 为稳态下的经济增长率；A 为资本生产率；s 为储蓄率；δ 为折旧率；φ 为储蓄转化为投资的比例。

因此，金融发展可以通过三个途径来影响经济增长：一是储蓄转化为投资的效率(φ)；二是资本的边际生产率(A)；三是储蓄率($s=S/Y$)。

人力资本积累和知识积累在经济中发挥了重大作用，推动资本-产出比率不断得以提升，这就保证了经济增长的持续稳定进行。另外，就政府而言，其采取差异性的激励政策来支持人力资本积累和鼓励知识创新，那么具有投资价值的项目和研发活动就能够及时被金融机构发现并获得它们发展所需要的资金支持。金融发展可以向经济主体提供如教育等各方面的融资，经济主体在年轻时就不会因为资金困难问题而放弃学习，从而过早投入劳动中去。因此，从整体和长远的角度来看，个人的受教育年限得以延长，也相应促进了整个社会的人力资本积累。

上述经济增长理论模型说明了金融因素在经济增长过程中的作用机制。现实经济中，从短期来看，金融发展是通过扩大社会总需求的渠道来达到促进经济增长目的的；就长期而言，金融部门通过汇集储蓄资金并借贷出去，实现了资源的良好配置。因此，金融发展鼓励了知识创新和研发活动，也就相应地推动了经济的长期增长。

3.2　金融发展与经济增长的作用机制理论

在传统的阿罗-德布鲁-麦肯齐的一般均衡理论模型中，不存在信息成本和交易成本，从而金融因素对经济增长的影响可以忽略。信息成本和交易成本的存在是金融系统和金融中介产生的重要原因。本节我们可以通过从 Pagano、King 等学者的研究成果中提取出关于金融发展对经济增长的具体作用渠道和作用机制的理论部分，并进行更为深入细致的分析。我们首先用 AK 模型来说明内生增长理论框架下金融发展对经济增长的影响，然后再根据各个模型强调的重点来对金融发展对内生增长的具体渠道进行分类详细综述。

3.2.1 AK 模型揭示的金融发展对经济增长的影响机制

依据上节推导的 AK 模型可知：$g=A\varphi s-\delta$。其中，g 是稳态下的经济增长率，A 是资本的边际生产率，φ 是储蓄转化为投资的比例，s 是储蓄率，δ 是折旧率。因此，金融发展可以通过提高资本的边际生产率(A)、储蓄转化为投资的效率(φ)和储蓄率(s)三个途径来促进经济增长。该效应强调使用现金与银行储蓄作为信贷约束下企业的资本积累渠道。下面针对以上三个方面展开分析。

(1) 金融发展有助于提高资本配置效率

第一，金融系统具有信息获得和风险分担的功能。金融系统通过搜集、加工处理与评估投资项目，从中寻找到利润最大的项目，同时通过外部监督，促进企业提高效率。虽然金融系统需要承担筛选和监督的高昂成本，但也消除了某些项目的风险。金融中介通过管理创新能消除项目的某些风险，并能分担项目的特定风险，从而改善资本的配置效率。

第二，金融系统具有改善流动性的功能。提供流动性是金融中介的一个重要功能。假如金融中介或者金融市场缺失，个体投资者会谨慎考虑流动性，会更多地对流动性资产进行投资，而不会投资于高收益性的非流动资产项目。金融中介集中资金并合并存款者的流动性风险，为高收益项目提供更多的融资服务。

第三，金融系统具有将收益率风险和流动性风险合并的功能，这在资本市场尤其是股票市场中显得尤为突出。个体投资者可以进行投资组合来规避收益率风险，也可以通过在股票市场售卖股票来规避流动性风险。Levine 认为，股票市场的这两种功能可以同别的金融机构一样起到作用，相应地可以提高资本的生产效率。Saint-Paul 认为，组合多样化可以有效降低风险，从而可以提高公司生产的专业化程度。Romer 认为，若另外还存在着生产外部性，那么提高资本生产效率的同时还能提高专业化水平，促进经济增长。

(2) 金融发展有利于提升储蓄转化为投资的效率

第一，金融发展有助于减弱金融抑制的程度。Roubini 等认为，如果政府取消金融抑制政策，那么在这种情况下，金融系统就可以大幅地降低通货膨胀税的税收基数。这种情况具体表现为储蓄转化投资过程中的漏损($1-\varphi$)的降低，意味着 φ 增加，即提高了储蓄向投资转化的效率，相应促进了经济的增长。

第二，金融发展有助于减少金融系统的交易费用。存款和贷款之间的利差、佣金和交易费用等构成了金融系统所吸收存款的成本，支撑起金融系统的正常运转。但是,若金融系统处于垄断地位,那么就会索取垄断的高昂中介费用并将之用于私人消费或者无效率的投资上,从而使经济资源受到损失且金融系统变得无效率,这将阻碍经济增长。

第三,金融发展有助于强化金融中介的专业化效应。Harrison 等描述了以信息为基础的银行业垄断竞争模型,分析出经济增长促进了银行活动的增加,相应提高了银行的利润,随之带来更多的银行业进入者。

(3) 金融发展有助于提高储蓄率

朱波认为,金融发展通过影响异质型风险、收益率风险、利率以及流动性约束四个方面来改变储蓄率。储蓄率的提高可以加速物质资本的积累,因此,金融发展也可以通过改变储蓄率这一途径来影响经济增长。McKinnon 和 Shaw 认为,金融抑制政策导致实际利率低于市场均衡利率,从而会降低储蓄率。Saint-Paul 则认为,金融市场发展促进了高风险性的创新投资,提高了均衡储蓄率。Aghion 等认为,随着金融发展,金融机构与金融工具不断增加,出现了新型市场交易者,并且机构投资者数量不断增长,金融资产发展多样化,从而更多闲置的金融资源被吸收为储蓄。金融体系能够更好配置资金的使用,加快了社会资金积累。所以,储蓄是促进长期经济增长的重要因素。Kimball 和 Caballero 认为,保险和金融市场能减少诸如禀赋和流动性风险等异质型风险,从而可以减少家庭的谨慎储蓄动机,增加储蓄,促进经济增长。但也有学者持不同的看法。Jappelli 和 Pagano 就建立了跨期迭代的内生增长模型,表明了金融发展给家庭与企业提供了多种投资组合,增加了其借贷的机会并使其投资多元化,从而降低了储蓄率。在世代交叠模型中,年轻一代由于不受流动性约束,从而将减少储蓄;而 Bencivenga 等的研究表明,流动性约束的存在会降低金融系统的效率。另外,金融发展会对利率变动产生影响,从而影响储蓄率。Mckirinon 指出,减弱金融抑制政策会带来较高的实际利率,但由于收入效应和替代效应的存在,并且银行与投资组合持有人对风险的态度是不确定的,因此金融发展对储蓄的影响是不明确的,并且对经济增长的作用来自于投资效率的改善而不是更高的储蓄率。因此,金融发展对储蓄率的影响是不确定的,有可能对经济增长产生负面作用。

AK 模型假设技术进步的影响具有一致性,忽略了增长过程对不同人和国家造成的不同影响。此外,它将技术知识作为智力资本与实物资本等均列入总量资本中,没有区分技术进步与资本积累之间的差异。Aghion 和 Howitt 对该模型进行了改进,将投资因素置于增长的核心,推导出金融发展通过技术进步促进经济增长。随后，Morales 等进一步拓展了这个增长模型。总体来说，金融是通过资本积累(包括物质资本积累和人力资本积累)和全要素生产率(技术进步等)来推动经济增长的。就资本积累而言，金融体系通过影响储蓄率或者通过重新配置资本来提高资本积累率，从而来影响经济增长。下面，我们根据相关文献对金融发展和内生增长的作用机制进行分类综述。

3.2.2 金融发展对经济增长的具体影响机制

先回顾整理一下金融发展与资本积累、投入要素以及全要素生产率之间关系的研究成果。国内外学者对此的研究是派生于金融发展理论的研究之中，即在金融与经济增长研究的不断深入过程中产生的。古典主义理论假设条件之一是资本的边际报酬递减，这种假定极大地限制了金融发展对经济增长的作用。而在新古典理论的分析框架下，认为金融发展对经济增长推动效果主要是通过储蓄决策和资本积累来发挥作用的。内生经济增长理论则重视技术进步和资源配置效率等对经济增长的影响，因此推动了金融发展和全要素生产率之间关系的研究。

(1) 金融发展、物质资本积累与经济增长

Patrick 特别强调了金融发展可以通过促使存量资本所有权及其构成的变化以及资本向高生产用途的转移来推动经济增长。Mckinnon 假设发展中国家存在金融抑制，通过修正传统的货币需求函数，证明了金融深化能够促进资本积累，进而促进经济增长。Shaw 提出债务媒介论，认为货币是金融体系的一种债务和中介，货币存量相对经济活动水平越大，银行体系的中介功能越强，居民和企业储蓄与投资的积极性就越能得到提高，结论与 Mckinnon 基本一致。Kapur 研究得出的结论是，贷款占货币比率的提高将促进资本积累。King 等通过对 1969～1989 年 80 个国家和地区的数据进行研究，发现金融发展与资本积累之间存在明显的相关关系。Rioja 等通过研究得出结论，在次发达国家金融对经济增长的影响主要通过资本积累。

Bencivenga 等学者从流动性风险的角度考虑金融系统的发展与经济增长。Bencivenga 等建立了一个新的模型，他们的模型首先考虑了投资个体所面临的流动性风险情况，研究结果表明，有金融中介的经济增长率要比没有金融中介的经济增长率更高。金融中介主要从事四个方面的业务活动：接受存款并发放大规模贷款、持有流动性储备以应付存款者的承诺需求、发行比其基础资产更具流动性的负债、降低或者消除自源融资现象。如果不存在金融中介或者金融

市场,家庭就将更多的资金投向流动性资产。Greenwood 和 Smith 的模型认为,如果经济主体对风险具有充足的防范规避准备,那么和金融中介相比,证券市场能起到更好地促进经济增长的作用。由于金融系统可以有效消除流动性风险对投资者带来的危害,因而一定程度上提高了储蓄中的生产性投资所占的比例。因此,金融系统在消除一定流动性风险的情况下,能有效避免生产性投资提前变现情况的发生,从而储蓄转化为投资的比率得到了提高,金融系统能将资本配置到资本边际生产率最高的项目上,从而提高了资源的配置效率。提供金融产品或服务的机构之间存在着一定的竞争,使投资个体感觉到参与进入金融体系中是有利可图的。他们的模型是对 Bencivenga 和 Smith 模型的一种进一步改进。Bencivenga 和 Smith 认为,只有在一定条件得以满足的情况下,如储蓄者拥有足够大的相对风险、非流动性资本投资的报酬足够小时,金融中介的存在以及发展才能推动经济增长。Greenwood 和 Smith 的模型则认为,金融中介不论在何种条件下都能够推动经济增长,而相比之下,证券市场只能在一定条件具备的情况下才能促进经济增长,如经济主体具有足够强烈的风险规避偏好,证券市场可能会产生比金融中介更强的作用力来推动经济增长。

Greenwood 等学者从信息不对称的角度研究了金融中介、信贷配给、信贷合同与经济增长。Greenwood 和 Jovanovic 在 Goldsmith、Mckinnon 和 Shaw 等学者研究得出关于金融体系对经济增长作用的经典结论的基础上,结合 Romer 和 Lucas 等的模型,在内生增长框架下建立了一个包含金融中介发展的模型。该模型假设经济社会存在两种生产技术:一种技术具有安全性高但收益低的特点;另一种技术正好相反,具有风险性高但收益也高的特点,称其为风险技术。如果没有金融中介的话,当风险技术面对投资的总量冲击和项目特定的冲击时,投资主体面对这两种技术就不知该如何选择了。而如果存在金融中介的话,金融中介机构就可以通过对多个项目的同期扰动进行观察来判断总量冲击情况,还可以通过组合管理来消除项目特定冲击的不利影响,从而能降低风险并将资源更多地配置到高收益的项目上去。因此,金融系统具有获得信息和进行风险分担的功能,进而就能起到有效改善资源配置的作用。Greenwood 和 Jovanovic 模型主要是建立在信息不对称情况下的,分析了金融中介与经济增长之间存在的互相促进的关系,得出的一个重要结论是,由于发展性生产技术属于风险技术,存在报酬不确定的问题,相对于投资个体而言,金融中介能更为有效地解决上述的信息不对称问题。总之,该模型强调了金融中介具有收集和分析风险性项目的信息和报酬方面的作用,但根据该模型,并不能必然推导出

“金融中介能够对经济增长产生推动作用”的结论，因为金融中介的出现，尽管提高了资本投资的预期报酬，但也导致了较低的储蓄率，所以金融中介对经济增长的影响是不确定的。在 Bencivenga 和 Smith 模型中，不仅信贷配给水平决定了经济增长，而且经济发展的水平也影响信贷配给的程度，信贷配给对经济增长有负面效应。当不存在信贷配给时，先进技术和落后技术的改进对经济增长都有重要影响，先进技术的改进将会导致信贷配给程度的加重，从而降低经济增长率，而落后技术的改进则不存在上述情况。Bose 和 Cothern 根据 Greenwood 和 Jovanovic 模型、Bencivenga 和 Smith 等的相关论述，以 Romer 的内生增长理论为背景，分析了信息不对称和逆向选择的经济效应，分析了均衡贷款合同对经济增长的影响。和 Bencivenga 与 Smith 的模型相比，Bose 和 Cothern 模型具有的创新点是，贷款人会采取更具弹性的方式来识别高风险借款人和低风险借款人。在 Bencivenga 和 Smith 的模型中，贷款人只能通过对借款人进行信贷配给来识别借款人的风险程度。除此之外，Bose 和 Cothern 模型还深入研究了金融部门的发展（风险评估成本的降低）会对经济增长产生怎样的影响，得出的结论是：当金融体系在水平较为落后的初期发展阶段，金融部门的深化不但不能促进经济增长，反而有碍于经济增长。Bose 和 Cothern 的结论表明，金融部门的发展不能脱离于现实的金融发展程度和经济发展水平，否则，金融部门过度发展或过度膨胀，不仅不能促进经济增长，反而对经济增长有负面影响。

国内学者韩廷春建立了金融发展与经济增长的数理模型，研究发现，金融发展能够加速储蓄向投资的转化，从而促进投资增加和资本积累，这必然导致产出水平的增长，推动经济增长。王永中、高凌云认为，中国的金融发展能够有效促进要素积累与固定资产形成。袁云峰等基于 1978～2004 年我国的省际面板数据，采用无效率随机前沿模型研究表明，我国金融发展是通过资本积累来促进经济增长的。汪伟基于我国 1952～2006 年的样本数据，研究储蓄率、投资率与经济增长之间的动态相关性，认为应当引导和规范可贷资金，保证储蓄向投资转化渠道的畅通，这样才能增强投资的产出效应。钱良信以系统广义矩（SYS-GMM）测度考察了我国各省 1978～2008 年金融发展与资本形成的关系，研究发现：当期与滞后一期的金融发展规模对当期固定资本形成有显著的支持作用。金融体系有效地促进了固定资产形成，同时还对人力资本积累具有积极的推动作用。熊鹏、王飞认为，资本积累是经济增长最主要的传导渠道，技术进步作用不明显。王少国认为，金融发展对我国的资本形成起到了重要的推动作用，但促进资本形成的效率还不高。赵振全等认为，当前中国金融体系是资本积累规模的一个重要决定因素，金融发展对要素积累起到显著的作用。彭文平指出，金融部门规模存在某个临界值，在这个值之前政府需要扶植金融发展。贺力平运用我国 1981～2002 年的数据分析了金融发展与投资增长的关系，认为这一时期金融发展对于促进投资规模扩大和提高投资效率的作用不明显。沈坤荣等利用我国 1978～2002 年的数据，研究结果显示，金融体系对我国资本形成的作用不明显。陈邦强等的研究发现，我国区域层面的金融发展对地区投资产生正向影响但呈现出明显的地区差异，各地区间金融要素对我国总体及东、中、西部地区的资本形成均有正效应且这种正效应在各地区间有着明显的差异，对固定资本形成的影响差异较大。王永剑、刘春杰认为，中国的金融体制改革取得了一定的成果，但西部地区比东、中部地区金融抑制更为严重，导致资本积累和配置效率仍然较低。

(2) 金融发展、人力资本积累与经济增长

有学者认为，增加人力资本（教育等）投资，提高人力资本的生产效率，是金融发展推动人力资本积累的一条最重要的途径。具体来说，金融发展主要通过以下三种方式来推动人力资本投资，进而促进经济增长：一是提供消费信贷给接受教育者；二是提供资金给人力资本生产（教育）活动，如增加人员教育方面的资金投入；三是通过降低人力资本投资（劳动收入）风险的方式来鼓励教育投资。

Levine 在 Diamond 等对经济市场的风险特征研究的基础上，建立了一个内生增长模型，阐述了股票市场的风险分散功能，分析了股票市场对人力资本积累和长期经济增长的影响。Levine 的模型假设物质资本投资是人力资本生产的一个投入要素，它本身具有外部性。在整个生产过程中，每个劳动者的人力资本积累都要受到企业所持有的平均资本水平的显著正向影响。资本若被提前变现，其获得的报酬会远小于流动性资产的报酬，因此，原本投资主体把储蓄投资到能促进技术进步或增加人力资本的企业，但提前变现行为的副作用会使投资主体更倾向于投资到流动性资产上，这不利于促进经济增长。因此，股票市场的发展可以有效消除对企业资本的提前变现现象和提高企业投资比重，这样就会促进人力资本积累和不断推动经济的增长。

Gregorio 认为，物质资本和人力资本均是经济增长的重要源泉。这个结论比 Jappelli 和 Pagano 的研究前进了一步。Jappelli 和 Pagano 仅考虑了信贷约束对消费的影响，过多地强调了储蓄率的增长效应，而忽视了信贷约束对金融

系统效率和人力资本积累的负面影响。其论证的逻辑是，信贷约束将减少经济主体在年轻时的消费，从而储蓄率上升，经济增长率提高。而 Gregorio 则从人力资本积累的角度出发，认为信贷约束不仅降低了经济增长率，也不能提高储蓄率。

Cooley 和 Smith 等认为，若存在信贷市场和保险市场的情况，受教育能力较强者年轻时可将全部时间投资于教育，而通过借款的方式来为消费融资或投资金融资产及保险市场来分散人力资本风险，这样的话，物质资本投资将会减少，人力资本投资将会增加，这样投资的预期整体回报率就得以提高，进而促进经济增长。

(3) 金融发展、全要素生产率与经济增长

全要素生产率通常指资本和劳动等各要素投入之外的所有因素的贡献余值。它不仅包括技术进步，而且还包括因规模经济、管理改进和资源配置方式改变等而导致的生产效率的提高。

① 金融发展与资源配置效率

Bagehot 认为，良好的金融系统提高了投资的整体效率，因为它能够把资金从低效率的投资引向高效率的投资。Goldsmith 指出了金融结构在资本配置功能中具有重要的作用。Romer 构造了 R&D 模型，说明内生化的技术进步依赖于对 R&D 部门的科研投入，由于研究开发活动主要依靠金融支持且对总体生产率具有积极的影响，从而 R&D 将导致资本边际报酬递增。Greenwood 和 Jovanovic 认为，金融中介可以高效地收集和分析投资项目的信息，然后将资金配置到最高期望报酬的项目上，这样就可以提高全要素生产率，进而推动经济增长。Bencivenga 和 Smith 认为，金融中介具有分散及转移风险的功能和提高流动性的功能，通过这两项功能就可以改善资金配置效率，进而提高全要素生产率。Barrow 等认为，通过促进资本市场和金融结构发展，优化资本配置效率，可以对长期增长发挥积极作用。Jeffrey Wurgler 的研究发现，发达国家比发展中国家发达的原因并不是因为进行了更多的投资，而在于其资本配置效率明显要高出许多。他还提出了提高资本配置效率的方法，简单说来就是适时撤出投在低资本回报率的行业(项目)的资本，而继续追加在高资本回报率的行业(项目)中的投资，这样就能提高金融体系资本配置效率。

国内学者宁智平、才国伟等认为，我国金融功能强化、资本形成过程加快之间是相互促进的关系，金融发展显著促进了我国资本配置效率的提高。然而，很多学者也得出了不同的结论。潘文卿、张伟就基于我国 1978～2001 年间的

数据，对资本配置效率进行了经验性的研究，得出的结论是，中国信贷市场和股票市场与资本配置效率呈现出弱相关的关系，因此金融发展解释资本配置效率变化的能力较弱。沈坤荣和孙文杰研究认为，金融体系对提高投资效率和储蓄转化效率影响有限。同时我国的投资效率低下，进而全要素生产率不高，影响了宏观经济稳定增长。周黎安、张军认为，在财政分权和政治集权的背景下，中国地方政府直接或者间接对金融资源进行干预，影响了应用的资本配置功能。范学俊也认为，我国金融体系影响资本配置效率的能力有限。

② 金融发展与技术进步

Bencivenga 和 Smith 等强调了内生化的技术进步对经济增长的重要作用，放弃了新古典理论的技术进步路径，探寻和分析了金融发展对生产率的各种影响机制，因而在内生增长理论中金融发展对生产率提升的作用得到更加重视。

Saint-Paul 认为，经济将出现低金融发展水平和高金融发展水平并存的多重均衡状态。政府政策等外生因素可以决定金融市场的运行成本，因此政府可以通过影响金融市场的运行成本来影响金融市场的发展，进而对经济的长期增长产生影响。

Bencivenga 等在 Hicks 经典论述的基础上建立了一个引入二级资本市场的内生增长模型。他们的建模目的在于探讨资本市场流动性（交易成本）的变化影响经济主体所使用技术的程度。当二级资本市场的交易成本增加时，会降低金融市场资产的交易规模；而当交易成本降低时，经济主体将使用资本市场交易密集的技术。金融市场交易成本降低会提高储蓄的净回报率，但是交易成本的下降对经济增长产生什么样的影响，取决于正反两方面因素的对比。

King 和 Levine 认为，金融系统若运行良好，就能有效推动经济快速增长。金融系统可以通过两个渠道来影响企业家的创新投资活动：一是评估企业家的能力；二是提供资金给最有前途的企业家。在 King 和 Levine 的模型中，金融系统主要通过以下四个途径来影响技术进步率和经济增长率：第一，对未来的企业家进行评估，并提供资金给最有前途的企业家；第二，动员更多的储蓄，以便提供资金给最有前景的投资项目；第三，有效分散投资风险；第四，推算出技术创新的潜在收益。

Fuente 和 Martin 讨论了实体经济对金融发展的正反馈效应。他们的研究结论表明，金融中介是通过风险分散、风险性技术创新、信息收集（监督企业家）和提高资源流动性等途径来促进经济增长的。而且，要素价格也会随着实体经济的增长发生变化，这会导致金融中介收集信息所获得收益的提高，并促进金融发展与经济增长。

Benhabib 和 Spiegel 的研究结果表明，金融中介通过促进技术进步进而提升全要素生产率的途径促进了经济增长，这种途径比通过要素积累的途径更重要。Rajan 和 Zingales 运用 42 个国家和地区 36 个产业的面板数据，研究发现，金融中介有效推动了研发密集型产业使用高新技术，相应地推动了生产率的提高。Beck 等利用动态广义矩法估计(GMM)方法进行实证研究发现，金融发展主要通过提高全要素生产率的途径而不是通过资本积累或提高储蓄转化投资的途径来促进经济增长。Benhabib 和 Spiegel 研究发现，金融发展对物质资本积累、人力资本积累和全要素生产率增长都存在相关关系，但相比之下金融发展对全要素生产率增长的影响和其他二者不同，尤其是流动性负债指标对全要素生产率产生正向影响。Azid 和 Duenwald 运用 1988～1997 年的省际面板数据，以非国有企业所获贷款与 GDP 比值来衡量的金融发展对全要素生产率的增长具有显著的正效应。Nourzad 基于 1966～1990 年 29 个发达国家和地区、1970～1990 年 28 个发展中国家和地区两组面板数据，采用随机前沿方法进行极大似然估计，得出结论是，金融发展程度越高(金融中介部门和股票市场越发达)，全要素生产率就越高，经济增长就越快，并且发达国家和地区金融发展对生产无效率的降低作用要大于发展中国家和地区。Rioja 和 Valev 采用动态广义矩法估计(GMM)来检验金融发展与全要素生产率之间的关系，结果表明，在中、高收入国家，金融中介主要是通过提高全要素生产率来促进经济增长；但在低收入国家，金融发展主要是通过提高资本积累来影响经济增长的。Arestis 等采用数据包络法(DEA)计算了 OECD 国家的技术效率，检验结果表明，技术效率高的国家金融发展与技术效率存在较强的正相关关系，而技术效率低的国家金融发展与技术效率关系呈现弱的负相关关系。Arestis 等对非 OECD 国家的分析结果则表明金融发展对技术效率有稳健的正面影响。

国内学者何枫和陈荣、黄炳艺和曾五一、王晓芳及高继祖认为，金融发展是通过技术效率改进的途径促进全要素生产率增长，进而实现经济可持续增长的。张军等通过索洛余值法估计了我国的全要素生产率，得出金融发展与全要素生产率增长之间存在着显著为正向关系的结论。王永中构建了包含金融部门的技术创新内生增长模型，认为金融发展一般通过鼓励新技术应用和技术创新来推动技术进步。于震等利用动态面板与 GMM 估计法，对金融发展与全要素生产率进行实证研究，结果表明，金融通过推动技术进步而不是效率改进来提高全要素生产率。朱承亮等基于我国 1985～2007 年的省际面板数据，运用对数型柯布-道格拉斯生产函数的随机前沿模型研究表明，金融发展对技术效率具有较大的促进作用，但金融机构的存、贷款业务则抑制了技术效率的提高。姚耀军认为，若能控制专利保护水平、人力资本等因素，金融中介对技术进步具有显著的正向作用；之后，他基于 ARDL 法的协整系数估计，以界限检验法证明，长期金融发展会导致全要素生产率的变化，但短期内仅有经济自由度能够影响全要素生产率。赵勇等认为，金融发展可以促进全要素生产率的增长，但力度大小与经济发展的阶段有关，金融发展可以通过降低增长方式的门槛值来推动经济增长方式向集约式转变。钱水土、周永涛基于省级面板数据，通过 GMM 估计法进行深入研究，得出结论是，在控制其他变量时，金融发展能够促进技术进步，并且还显著地对产业升级产生正向作用。但也有学者持不同意见。何枫等利用随机前沿模型来进行研究，结果表明，我国的金融体系以四大国有银行为主导，这不利于生产率的进步。师文明、王毓槐研究发现，当前我国的金融发展与经济增长是非线性关系，金融发展仍处在早期阶段，且对技术进步不利。陈刚等通过数据包络法和广义矩法估计研究金融发展和全要素生产率两部分（技术进步和技术效率）之间的关系，结果表明，金融发展阻碍了技术进步、降低了技术效率。

3.3　本章小结

本章通过对经济增长理论模型进行分析，结合金融发展理论中的相关部分可以得出结论：尽管影响经济增长的因素复杂多样，作用路径和机理也存在差异，但是经济增长的直接来源都只有两个：一是生产要素投入量的增加；二是生产要素使用效率（即生产率）的提高。因此，金融发展也必将通过这两个渠道对经济增长发生作用，图 3-1 就给出了本书关于金融发展与经济增长的作用渠道和机制的框架图，金融发展通过生产要素投入量（物质资本积累与人力资本积累）和生产要素使用效率（全要素生产率）来促进经济增长。

本书接下来就会对以下两大问题进行实证研究：① 改革开放以来，甘肃省经济增长和金融发展是否具有相关和因果关系？② 甘肃省经济增长的增长源泉（渠道）是什么？金融部门的发展是否通过这些增长渠道（作用机制）来影响了经济增长？第一个问题是前提，研究的是金融发展和经济增长的直接关系。若两者没有相关因果关系，我们也就没必要继续研究下去；第二个问题是核心，研究的是金融发展和经济增长的间接关系，如果金融发展和经济增长能有因果关系，那它们之间的连接渠道是否畅通，作用机制是否发挥作用，这些问题后面将会通过对甘肃省1978～2011年的数据进行实证分析，给出相应结论。

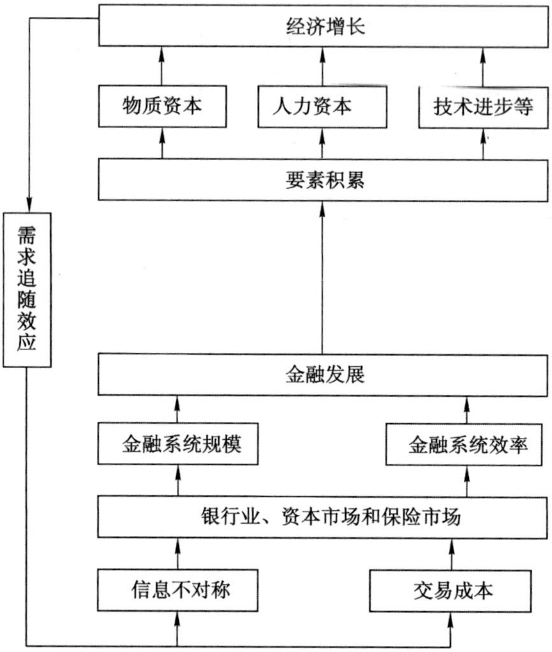

图3-1 金融发展与经济增长的作用渠道和机制框架图

第 4 章　甘肃省金融发展和经济增长关系的实证研究

改革开放以来，我国市场经济和金融业都得到了快速的发展。从 1978 年到 2011 年，我国国内生产总值年均增长率保持在 9%以上。与此同时，金融产业也快速发展，间接融资与直接融资规模随着实体经济的增长迅速扩大。金融的发展可以有效动员储蓄以及促进资源配置效率的提高。在经济全球化和中国的金融体制改革背景下，金融在经济发展中的地位会越来越重要，如何发挥金融的服务功能、引导金融和经济的良性互动，将是影响经济长期可持续发展的关键问题。另外，我国地区经济发展差距很大，各地区的金融发展不平衡，金融发展与经济增长的关系表现出显著的区域性。因此，还应该从区域角度分析金融发展和经济增长的关系及作用机制并将其纳入分析框架中，这样才能够形成有针对性的政策建议。因此，本章基于甘肃省 1978～2011 年的数据，对金融发展与经济增长直接进行相关和因果关系的研究，为下章研究两者的间接关系和作用机制打下基础。

4.1　甘肃省经济增长和金融发展情况

4.1.1　甘肃省经济增长情况

1978 年以来，甘肃省坚定不移地以经济建设为中心，充分地调动了各方面的积极性、主动性和创造性，极大地解放和发展了生产力，经济和社会发展取得了巨大成绩。甘肃省国内生产总值从 1978 年的 64.73 亿元到 2011 年 1 360.20 亿元(1978 年不变价)，增长了 20 倍，年平均增长率达到 9.37%，人均 GDP 增长了 14 倍，年平均增长率达到 8.31%。在加快经济发展的同时，按照经济发展的内在规律，在实践中探索前进，不断调整经济结构，逐步形成了比较合理的结构体系。从三次产业产出结构中，第一产业占比下降，第二产业在国民经济中占主导地位，经济发展为第三产业的快速发展提供了有利条件，加快城市化进程，多种所有制形式发展的格局基本形成，公有制经济在全省国民经济中的份额下降，通过鼓励和支持个体、私营等非公有制经济的发展，使得非公有制经济的比重快速增长，并形成了以公共部门的经济为主体、各种经济成分共同发展的良好格局。中华人民共和国成立以来，特别是1978年以来，改革了农业生产体制，调动了农民的生产积极性，全省农业生产条件不断改善，生产能力大幅提高，农村经济综合实力持续增强。工业生产快速增长，实力日益雄厚，成为拉动经济增长的主要力量。甘肃现已成为全国有色金属、水力发电、石油化工、石油机器制造工业的重要基地。石化、有色、冶金、电力、食品和机械等支柱产业迅速得到发展壮大。随着国家大规模的投资建设，甘肃的经济结构得到了一定改善。特别是近几年，在国家宏观调控政策指导下，为适应经济发展的需要，不断加大招商引资和投资力度，投资主体呈现多元化，民间投资日益活跃，固定资产投资保持快速增长的良好态势，为国民经济持续、快速、健康发展奠定了坚实的物质基础，投资结构趋于合理。近年来，金川公司、酒钢集团和兰州石化等更新改造投资项目相继建成和投产，使得长期形成的"重基本建设、轻更新改造"的投资方式明显改善。同时，基础设施、基础产业投资力度明显加大，对外贸易规模持续扩大。城乡居民收入大幅增长，居民消费结构日趋合理，生活条件显著改善，科技、教育、文化、卫生和社会保障等各项社会事业蓬勃发展。

不可否认的是，作为西部欠发达地区省份，甘肃与东部沿海地区经济发达省份相比差距十分明显。通过图4-1可以看出，1978～2011年甘肃省GDP和全国GDP比较起来，占比一直徘徊在2%以下，可以说微不足道。

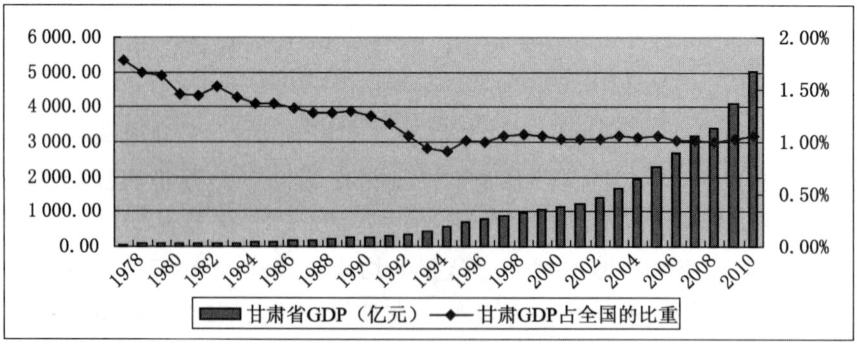

图4-1 甘肃省GDP及占全国GDP的比重

通过图 4-2 还可以看出，甘肃省人均 GDP 和全国人均 GDP 相比，自 1978 年的 91.34%持续下降至 1995 年的最低点 45.9%，随后稍有反弹，但直到 2011 年这一比例也仅达到 55.85%，也就是全国平均水平的一半。

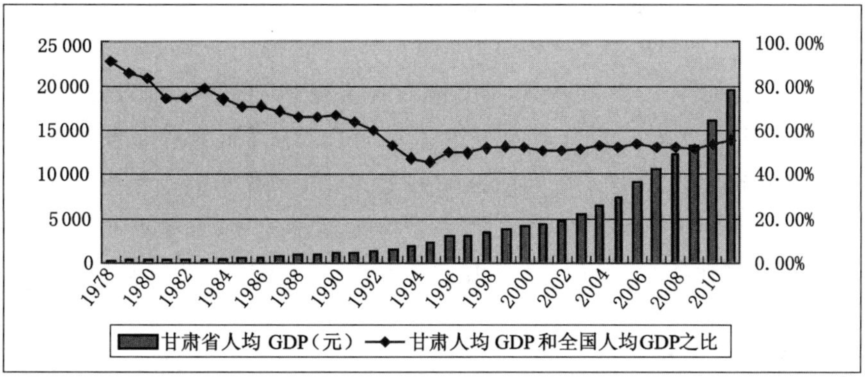

图 4-2　甘肃省人均 GDP 及和全国人均 GDP 之比

4.1.2　甘肃省金融发展情况

改革开放以来，中国的金融业不断地在探索、完善和发展，现在已经形成商业银行、非银行金融机构、保险机构并存的局面。但是，我国的金融系统以银行类金融机构为主导是一个不争的事实。2011 年，各类金融机构年底贷款余额的增加额和通过股市的筹集金额分别为 68 751 亿元和 5 073 亿元；甘肃省 2011 年各类金融机构年底贷款余额的增加额和通过股市的筹集金额分别为 1 035 亿元和 75 亿元。足见银行类金融中介在配置储蓄资金中举足轻重。所以，我们重点对银行业发展情况进行回顾，然后对资本市场和保险市场做简要介绍。

(1) 银行业发展情况

1978 年以前，中国只有中国人民银行一家银行。1979 起，中国相继成立了四大国有专业银行：农业银行、中国银行、建设银行和工商银行来接管中国人民银行的存贷款职能。1984 年起，国家批准成立了一些经营多元化的新银行机构。1985 年起，相继成立了如信托投资、城市信用合作社以及金融公司等非银行金融机构。从此，四家国有专业银行成为实现政府金融政策的工具，而其他银行以及非银行金融机构则享有较多自由经营权。1994 年，设立了国家开发银行、中国进出口银行和中国农业发展银行三个政策性银行来接管政策性贷款业务，以期使国有专业银行转变成“真正的商业银行”，实现自主经营、自负盈亏。

同时还积极推进中小商业银行进行股份制改造并上市，现在已有深圳发展银行、浦发银行、民生银行、华夏银行等多家股份制银行。1997 年以后，国家又采取措施处置国有银行的不良资产，积极推动金融业对外开放。目前，我国的银行业已经包括国有商业银行、股份制银行、农村信用社、政策性银行、外资银行等，规模得以急剧扩张。

甘肃金融业自 1949 年中国人民银行甘肃分行建立至今已经 60 多年了。随着甘肃经济的快速发展及金融组织体系的日臻完善，金融业务领域不断拓展，金融业得到蓬勃发展。特别是改革开放以来，全省金融业发生了历史性的变革，适应社会主义市场经济体制的金融体系逐步建立，金融业得到了较快发展，为甘肃经济和社会全面发展做出了巨大贡献。1978～2011 年，全省金融机构各项存款余额由 32 亿元增加到 8 394 亿元，增长 261 倍，年均增长 18.4%；各项贷款余额由 31 亿元增加到 5 468 亿元，增长 175 倍，年均增长 16.9%。1978 年起，高度集中的财政体制被逐步打破，各专业银行得以恢复和建立，整个金融业发生了重大的历史性转变。

金融机构各项贷款额和每年的金融机构各项贷款增加额能够很好地反映银行业对经济的支持。1978～2011 年，甘肃省金融机构各项贷款额除 2000 年以外，均持续走高，从 1978 年的 31 亿元到 2011 年的 5 468 亿元；甘肃省金融机构各项贷款增加额则在 1997～2000 年、2003～2005 年、2009～2010 年三个阶段有所下降，其他时期保持了快速增长。通过图 4-3 可以看出，甘肃省金融机构各项贷款额和全国金融机构各项贷款额比较起来，一直维持在 0.9%～1.68% 的低比例，可以说影响甚微。

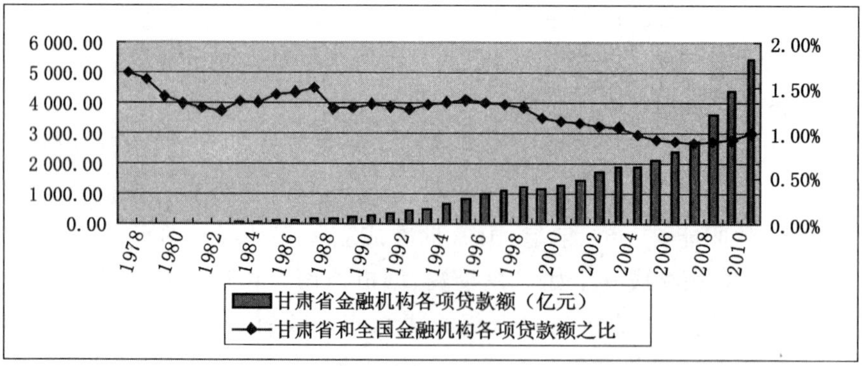

图 4-3 甘肃省金融机构各项贷款额及占全国的比例

通过图 4-4 还可以看出，甘肃省金融机构各项贷款增加额和全国金融机构各项贷款增加额相比，也一直在 1.79%以下。

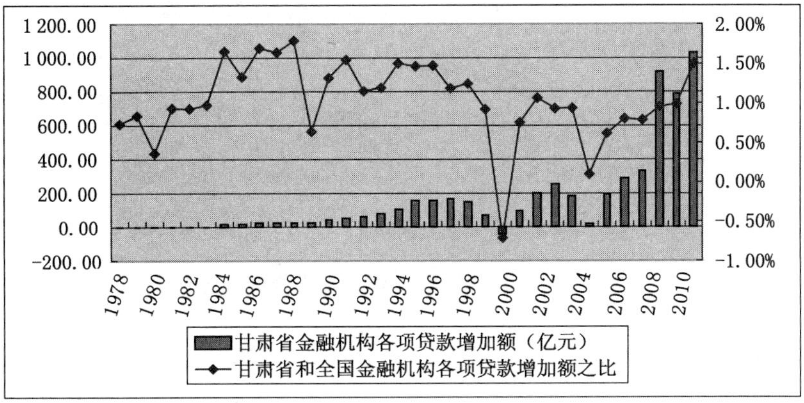

图 4-4　甘肃省金融机构各项贷款增加额及占全国的比例

(2) 资本市场发展情况

在过去的 30 年里，中国新兴的资本市场取得了显著的发展，在促进国家经济中扮演着越来越重要的角色。我国股票市场的形成可追溯到 20 世纪 80 年代，随着国有企业股份制改造试点的增多，股票市场开始萌芽，而股票市场正式诞生的标志则是上海证券交易所和深圳证券交易所在 20 世纪 90 年代初的建立。此后，中国资本市场迅速发展，并且股票市场的品种也在不断丰富，1991 年开始发行 B 股。1992 年成功地发行了 H 股，1993 年则发行了 N 股。1992 年成立了国务院证券委员会和中国证券监督管理委员会，标志着证券发行和交易开始得以集中管理。《中华人民共和国证券法》在 1999 年得到制定和实施，得以完整的法律体系来规范投资者的行为。

截至 2011 年年底，甘肃省共有上市公司 24 家，有力支持了甘肃省的经济发展。但同全国的境内上市公司总数（A、B 股）2 342 家相比，仅占了 1%的比重。从图 4-5 甘肃省股票筹资总额占全国筹资总额的比重来看，自 1978～2011 年以来，除了个别年份（2000、2004、2011 年的 1.5%左右，1992、2009 年达到了 3%以上）外，其他年份均小于 1%。直接融资能力有限，功能弱化。

中国企业债券首先出现在 1984 年，一些公司为自己的发展需要，通过发行债务证明书来筹集资金。1987 年，国务院颁布《企业债券管理暂行条例》，国家计委首次编制了全国企业债券发行计划，当年批准发行债券 30 亿元。1990 年，

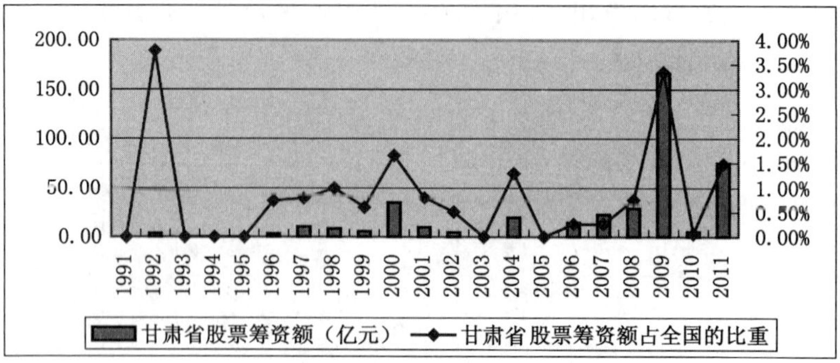

图 4-5 甘肃省股票筹资额及占全国的比例

债券发行纳入国民经济和社会发展计划，将债券融资作为固定资产投资来源渠道。随后债券的发行开始骤增，1992 年发行总量近 700 亿元，创当时历史最高水平，这是由于当时整个宏观经济环境较松而造成的。到了 1993 年，由于中国人民银行对金融业的整顿以及股票市场的快速发展，很多企业转而通过股票市场进行融资，因而债券成为企业次要的融资方式。2005 年之后，公司债券发行进入了迅猛发展期，当年就由 2004 年的 327 亿元一跃而至 2 046.5 亿元，超越了当年股票筹资总额 1 882.5 亿元。2011 年甚至达到了 22 474.11 亿元的历史新高。公司债券市场的发展和辉煌为中国经济的发展做出了突出贡献。甘肃省公司债券发行起步要晚得多，直到 2006 年才首次发行债券 36 亿元，随后获得了一定的发展，企业运用非金融企业债务融资工具的意识不断提高，积极通过发行短期融资券、中期票据等募集企业发展资金，全省非金融企业在债券市场发行债券持续走高。但占全国债券发行额的比重仍不足 1.4%，如图 4-6 所示。

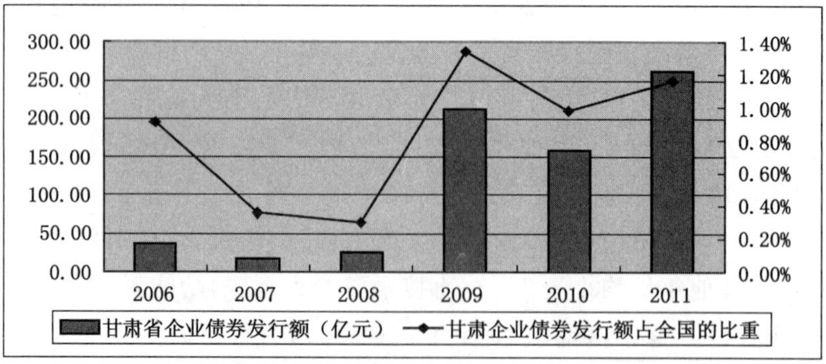

图 4-6 甘肃省企业债券发行额及占全国的比例

(3) 保险市场情况

在 1980 年全面恢复国内保险业务以来，我国保险业的增长速度每年近 40%，保险覆盖面、运作模式、业务收入等方面取得了令人瞩目的成就。1980 年，中国人民保险公司甘肃省分公司恢复营业，但直到 1996 年，甘肃市场才真正进入竞争阶段。从 2001 年至今，甘肃保险业迎来了一个重要的历史发展时期，现在全省保险市场体系已逐步发展成多家保险公司并存、服务网络广泛、相互竞争发展的良好局面。

截至 2011 年年底，甘肃省保险业累计赔款与给付支持 260 多亿元，较好地发挥了经济补偿功能。例如，1993 年的武威市"五 · 五"特大沙尘暴，1997 及 1999 年的兰州银光化学工业公司两次爆炸事故，2003 年的山丹、民乐地震等都给予了一定的支付赔款。在 2008 年的雨雪冰冻灾害和抗震救灾工作中，为甘肃地震灾区捐款 1 200 多万元。甘肃省保险业保障能力不断增强，赔付范围不断扩大，有力支持了甘肃省的经济社会建设。

下面我们来看甘肃省保费收入和保费支出两个指标历年的数值。甘肃省保费收入从 1990 年的 1.58 亿元持续上涨到 2011 年的 140.93 亿元，规模不断扩大，服务网络持续拓展。但从图 4-7 甘肃省保费收入占全国保费收入的比重来看，基本维持在 1%～1.7%的水平。

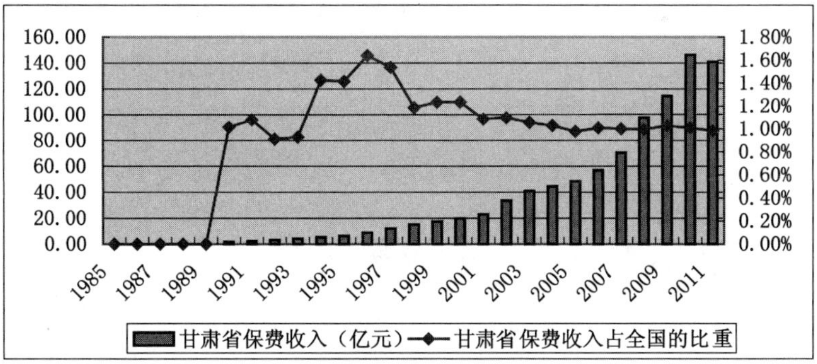

图 4-7　甘肃省保费收入及占全国的比例

甘肃省保费支出从 1990 年的 0.63 亿元持续上涨到 2011 年的 38.20 亿元，保障范围进一步扩大，经济补偿和风险保障功能得到有效发挥。但从图 4-8 甘肃省保费支出占全国保费支出的比重来看，近年来基本维持在 1%～2%的水平。

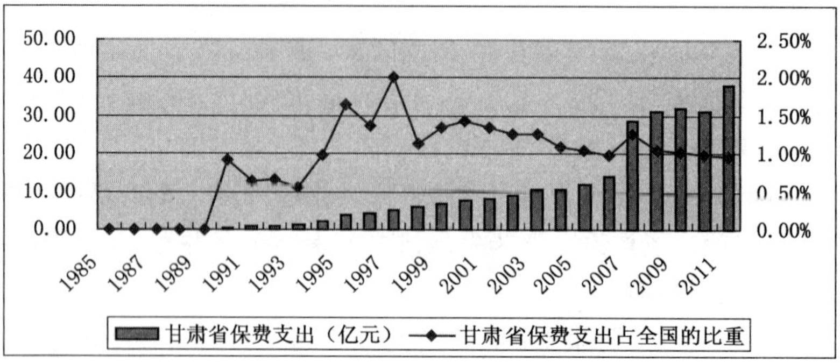

图 4-8　甘肃省保费支出及占全国的比例

最后，通过表 4-1 来了解甘肃省经济增长和金融发展的基本指标。

表 4-1　　甘肃省经济增长和金融发展指标

年份	国内生产总值/亿元	人均国内生产总值/元	金融机构各项贷款额/亿元	金融机构各项贷款增加额/亿元	股票筹资额/亿元	企业债券发行额/亿元	保费收入/亿元	保费支出/亿元
1978	64.73	348	31.03	1.10				
1979	67.51	359	32.61	1.58				
1980	73.90	388	33.97	1.36				
1981	70.89	367	38.12	4.15				
1982	76.88	393	41.08	2.96				
1983	91.50	462	45.06	3.98				
1984	103.17	515	64.51	19.45				
1985	123.39	608	79.68	15.17				
1986	140.74	684	108.26	28.58				
1987	159.52	764	131.92	23.66				
1988	191.84	905	159.11	27.19				
1989	216.84	1 007	183.36	24.25				
1990	242.80	1 099	227.16	43.80			1.58	0.63
1991	271.39	1 204	283.82	56.66			2.26	0.74
1992	317.79	1 384	341.16	57.34	3.56		3.06	1.06
1993	372.24	1 600	420.14	78.98	0.00		4.24	1.41

续表 4-1

年份	国内生产总值/亿元	人均国内生产总值/元	金融机构各项贷款额/亿元	金融机构各项贷款增加额/亿元	股票筹资额/亿元	企业债券发行额/亿元	保费收入/亿元	保费支出/亿元
1994	453.61	1 921	525.91	105.77	0.00		5.37	2.28
1995	557.76	2 316	681.08	155.18	0.00		6.42	3.90
1996	722.52	2 946	837.62	156.54	3.14		8.83	4.16
1997	793.57	3 199	1 000.51	162.88	10.23		11.87	4.98
1998	887.67	3 541	1 145.01	144.50	8.39		14.92	6.07
1999	956.32	3 778	1 211.22	66.22	5.73		17.35	6.89
2000	1 052.88	4 129	1 171.14	−40.09	34.87		19.74	7.52
2001	1 125.37	4 386	1 268.39	97.25	9.97		22.91	8.00
2002	1 232.03	4 768	1 469.83	201.44	4.85		33.46	8.91
2003	1 399.83	5 429	1 727.71	257.88	0.00		40.95	10.67
2004	1 688.49	6 566	1 907.35	179.64	19.58		44.40	10.86
2005	1 933.98	7 477	1 923.46	16.11	0.00		48.24	11.83
2006	2 277.35	8 945	2 112.08	188.62	14.55	36.00	56.86	14.23
2007	2 703.98	10 614	2 403.63	291.55	22.80	18.00	70.36	28.72
2008	3 166.82	12 421	2 731.89	328.26	28.99	25.00	97.45	31.25
2009	3 387.56	13 269	3 649.62	917.72	166.05	213.00	114.38	31.85
2010	4 120.75	16 113	4 433.05	783.43	5.28	159.00	146.30	31.20
2011	5 020.37	19 595	5 468.00	1 034.95	75.00	262.00	140.93	38.20

4.2　金融发展和经济增长关系的实证分析

第 2 章对金融发展和经济增长之间关系的文献进行了综述，带来了许多启示，但也存在一些不足。例如，研究大多关注于别国或者全国分区范围内，很少具体到各个省区；文献较多考虑银行业而较少考虑资本市场和保险市场；等等。厘清金融发展和经济增长之间的因果关系对于我国整体及区域层面具有重要的政策含义和现实意义。本节将进一步深入分析甘肃省 1978～2011 年金融发展与经济增长的因果关系和影响程度。

4.2.1 变量选取和数据情况

(1) 被解释变量和解释变量

为了满足研究甘肃省金融发展与经济增长关系的需要，本书选取甘肃以1978年为基期的劳均实际GDP作为被解释变量，而将金融贡献比率、金融发展效率作为解释变量。

(2) 数据情况

本节所使用的数据包括甘肃省国内生产总值、国内生产总值指数、金融机构各项贷款额、股票筹资额、企业债券发行额、保险公司赔付及给付支出(以下简称保费支出)等。

4.2.2 变量定义

(1) 经济增长变量

本书用劳均实际GDP(以1978年为基期)来衡量经济增长，即通过以1978年为基期的GDP平减指数将历年的GDP调整为1978年可比价后除以劳动力总量；用经济活动人员数目(即就业人数)替代劳动力总量。为了消除数据的异方差，对其取对数，记为LARGDP。

(2) 金融发展变量

金融增长和金融发展是两个既有联系又有区别的指标。金融增长表现为金融机构数量与金融资产规模相对于国民财富的增长，而金融发展不仅表现为金融数量上的增长，更强调的是金融效率的提高。因此，本书从金融规模增长和金融发展效率①两个方面构建衡量甘肃省金融发展的指标。

① 金融贡献比率(FCR)

国际上采用的测量金融增长的指标有两个，一个为麦金农指标(简称麦氏指标)，即 M_2/GDP，表示经济的货币化程度，但在实际应用中麦氏指标受到众多质疑②；另外一种指标为戈德史密斯指标(简称戈氏指标)，即金融相关比率FIR(Financial Interrelations Ratio)，指"某一时点上现存金融资产总额与国民财富之

---

① 西方学者对金融发展效率多以非国有经济获得银行贷款的比率来衡量，而我国有学者基于国有经济的重要地位，认为用储蓄与贷款的比重来衡量金融中介的效率较为合理。因此，我们采取后者的观点。

② 国内学者普遍认为，中国较高的 M_2/GDP 是由于投资渠道不畅、交易手段落后以及支付体系效率低下，而并非具有较高的金融发展水平。

比”，表示金融与经济的相关程度。在理论研究中，国民财富一般用 GDP 代替，而金融资产总额的选取则口径众多、各有不同。本书仿照戈式指标，把每年实体经济从金融行业（商业银行、证券市场、保险公司、邮政储蓄、住房储蓄银行、城市信用合作银行、农村信用社、城市信用社、金融信托投资机构、财务公司等）的筹资总额统称为金融贡献额，将其与国内生产总值的比值定义为金融贡献比率（FCR），用这一指标来反映金融发展规模和地区金融深化程度，反映金融增长对地区经济的贡献。根据金融贡献比率的内涵，可得金融贡献比率的表达式为：

FCR＝[金融机构贷款增加额＋债券筹资额＋股票筹资额＋保费支出额]/国内生产总值

式中，金融机构贷款增加额等于本年末贷款余额减去上年末贷款余额，表示本年增加的贷款额。

② 金融发展效率（FAE）

通过对国内外观点的综合和分析，本书采取国内学者王志刚等的观点并加以改进，把 FAE 定义为金融机构的贷款余额与存款余额之比，并以此反映金融机构将存款余额转化成贷款水平的能力、效率，体现金融的发展效率。

③ 变量描述

1978 年以来甘肃省 GDP 增长率总体上保持了 9％以上的较快增长；金融贡献率（FCR）从 1978 年的 47％持续上升至 1999 年的 125％，然后又平稳回落到 2010 年的 103％；金融发展效率（FAE）从 1978 年的 98％攀升到 1988 年的高点 125％，然后又持续下降到 62％。

4.2.3　实证分析

实证方法有序列变量的平稳性检验、协整检验、格兰杰因果检验、脉冲分析以及方差分解等。

（1）平稳性检验

本书采用 ADF（Augmented Dickey-Fuller）方法检验各变量的平稳性，来避免“伪回归”现象。如果各变量都是同阶非平稳单整的，则这些变量之间可能存在着协整关系。ADF 检验模型为：

$$\Delta Y_t = \alpha + \rho Y_{t-i} + \lambda t + \sum_{i=1}^{p} \beta_i \Delta Y_{t-i} + \mu_t \tag{4-1}$$

式中，Y_t 是时间序列；α、ρ、λ、β_i 为常数；t 是时间趋势项；ΔY_{t-i} 表示 Y_t 的 i 阶滞后项；μ_t 为白噪音；p 为滞后阶数。

对 LARGDP、FCR 和 FAE 做 ADF 单位根检验，其检验结果见表 4-2。

表 4-2　　LARGDP、FCR 和 FAE 的 ADF 检验结果

变量	$I(c,t,d)$	ADF 值	临界值			P 值	稳定性
			1%	5%	10%		
LARGDP	$I(c,t,1)$	−3.054 963	−4.262 735	−3.552 973	−3.209 642	0.133 5	不稳定
FCR	$I(c,t,0)$	−3.009 102	−4.262 735	−3.552 973	−3.209 642	0.145 0	不稳定
FAE	$I(c,t,0)$	−1.266 149	−4.262 735	−3.552 973	−3.209 642	0.878 9	不稳定
DLARGDP	$I(c,t,1)$	−4.675 078	−4.273 277	−3.557 759	−3.212 361	0.003 8	稳定
DFCR	$I(c,t,0)$	−7.311 055	−4.273 277	−3.557 759	−3.212 361	0.000 0	稳定
DFAE	$I(c,t,0)$	−4.132 668	−4.273 277	−3.557 759	−3.212 361	0.013 9	稳定

注：括号内 c、t、d 分别表示截距项、时间趋势以及滞后项；滞后阶数由 AIC、SC 最小值原则确定。

由表 4-2 可得，变量 LARGDP、FCR 和 FAE 均是一阶单整的，即为 I(1)。不能采用传统的线性回归分析方法检验这些非平稳的经济变量之间的相关关系，而应采用协整方法进行检验分析。

(2) 协整检验

本书运用 Johansen 方法检验 LARGDP、FCR 和 FAE 三个变量之间的协整关系，检验结果见表 4-3。

表 4-3　　LARGDP 和 FCR、FAE 的协整关系检验结果

原假设（协整向量的数目）	特征根	迹统计量（P 值）	迹检验结果	最大特征值统计量（P 值）	最大特征值检验结果
没有	0.545 192	39.241 29(0.017 3)	拒绝**	24.424 29(0.024 9)	拒绝**
至多一个	0.234 698	14.817 00(0.237 0)	接受	8.292 025(0.513 2)	接受
至多两个	0.189 807	6.524 971(0.153 9)	接受	6.524 971(0.153 9)	接受

注：** 表示在 5%临界值水平下拒绝原假设。

迹检验结果以及最大特征值检验结果都表明，在 5%的显著性检验水平下，拒绝“不存在协整关系”的原假设，说明变量间存在“协整关系”（一个协整关系），因此可以判断 LARGDP、FCR、FAE 之间存在协整关系。标准化后的长期协整方程为：

$$LARGDP=8.5327+3.0061FCR-2.0818FAE \quad (4\text{-}2)$$
$$(0.3254)^{***} \quad (0.9739)^{***} \quad (0.3431)^{***}$$

式中，***表示检验值大于 1%置信水平下的临界值；括号内为标准差。

因此，金融贡献比率对劳均实际 GDP 显著呈正向的推动作用，金融贡献比率提高 1 个百分点，对劳均实际 GDP 贡献 0.03 个百分点；金融中介效率对资本存量显著呈负向作用，金融中介效率提高 1 个百分点，使劳均实际 GDP 降低 0.02 个百分点。这和 Goldsmith 和 Levine 等学者的研究结论相同，说明金融深化与经济增长之间存在高度显著的正向相关关系。而经济增长和金融中介效率则呈现出负相关关系。

(3) 误差修正模型(ECM)

误差修正模型主要反映和刻画由短期动态非均衡向长期均衡趋近的过程。以 ΔLARGDP 作为被解释变量，经过多次估计和检验得到误差修正模型：

$$\Delta LARGDP_t=0.47\Delta LARGDP_{t-1}+0.58\Delta LARGDP_{t-2}-0.16\Delta FCR_t-0.09\Delta FAE_t-0.05ecm_{t-1} \quad (4\text{-}3)$$

在该模型中，误差修正项的系数为−0.05，符合误差修正的原理，表明当短期波动偏离长期均衡时，将以 0.05 的程度做反向修整，将非均衡状态拉到均衡状态。

(4) VAR 模型介绍及估计

向量自回归模型(VAR)可以用来描述多个变量之间相互影响、相互作用的关系，从而将单方程自回归模型加以改进、推广为由多方程的自回归模型组成的“向量”自回归模型。它通常用于时间序列系统的预测及分析随机扰动对系统的冲击，从而可以解释各种经济冲击对经济变量所造成的影响。另外，通过对该模型进行移动平均形式的变形，还可以计算出其中一个变量的微小变化对其他变量产生的影响大小。因此，本书选择 VAR 模型作为变量间关联机制分析模型的构建基础。

VAR 模型所有根的倒数全部在单位圆内，满足稳定性条件，可以做进一步的分析。

(5) 格兰杰因果关系检验

表证变量间存在确定的相互关系需要通过格兰杰因果检验来进行。表 4-4 中的检验结果表明，在 10%的显著性水平下：第一，金融贡献比率是劳均实际 GDP 的单向格兰杰原因；第二，经济增长是金融发展效率的单向格兰杰原因。

表 4-4　　LARGDP 与各解释变量格兰杰因果检验结果

原假设	F 统计量	P 值
FCR 不是 LARGDP 的格兰杰原因	3.147 15	0.086 21
LARGDP 不是 FCR 的格兰杰原因	1.123 98	0.297 52
FAE 不是 LARGDP 的格兰杰原因	1.814 91	0.188 01
LARGDP 不是 FAE 的格兰杰原因	3.446 21	0.073 24

因果关系检验结果在理论上验证了 Patrick 假说。Patrick 认为，在经济发展的早期阶段，需要一种直接的刺激来动员储蓄为增长提供投资资金，因此，金融部门通过金融机构和金融服务的扩张来促进经济增长。甘肃省作为发展中国家的欠发达地区，金融发展相应就属于“供给导向”模式，金融规模扩大带来投资的快速增加，同时降低了信息成本和交易成本，从而推动了地区经济增长。另外，检验结果还证实了甘肃省金融发展对经济增长的促进作用主要是通过金融资产数量上的扩张，而不是通过金融资源配置效率的提高来实现的。这说明甘肃省的金融深化水平还处于一个较低阶段，今后在扩大金融发展规模的同时还要注重提高金融中介的配置效率与质量，这样才能发挥金融体系的积极作用。

(6) 脉冲响应分析

本书运用向量自回归(VAR)模型进行脉冲响应分析。图 4-9 为脉冲响应函数曲线，其中横轴表示滞后阶数，纵轴表示内生变量受到冲击时的响应，实线表示脉冲响应函数值随时间的变化路径，两侧虚线表示响应函数值 2 倍标准差的置信限。脉冲响应结果表明：第一，经济增长受到自身冲击的响应始终为正，说明经济增长自身有正反馈的功能；第二，当在本期给金融贡献比率(FCR)一个正的冲击后，从第二期开始就会对经济增长(LARGDP)产生一个持续上升的正向影响；第三，当本期给金融发展效率(FAE)一个正的冲击后，会对经济增长产生持续的负的影响，但是特征并不明显，说明经济增长对金融发展效率的冲击响应为微弱的负向反应。

(7) 方差分解

脉冲响应函数用来反映系统对相应的内生变量的冲击所做出的响应，而方差分解则是将这种反应通过方差分解的方式将均方误差分解成系统中各个变量所做冲击的贡献，从而评价不同结构冲击的重要性。得出方差分解情况见表 4-5，可以看出：第一，劳均实际 GDP 的方差主要由自身扰动所解释，但解释力

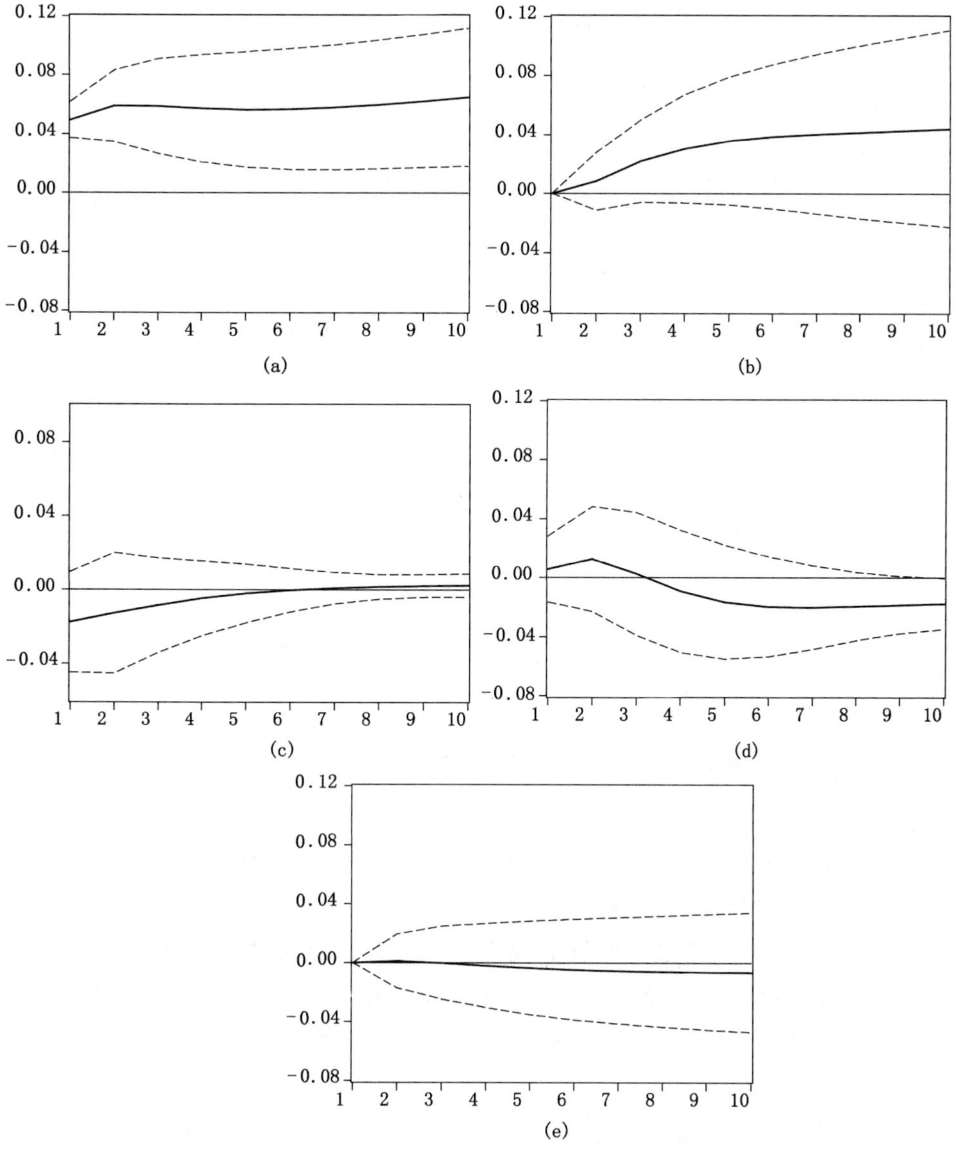

图 4-9　LARGDP 和 FCR、FAE 的脉冲响应

(a) LARGDP 对 LARGDP 的脉冲响应；(b) LARGDP 对 FCR 的脉冲响应；
(c) FCR 对 LARGDP 的脉冲响应；(d) FAE 对 LARGDP 的脉冲响应；
(e) LARGDP 对 FAE 的脉冲响应

度逐渐变弱；第二，金融贡献比率（FCR）对劳均实际 GDP 的影响和贡献越来越大，在滞后 10 期贡献作用达到近 25%；第三，金融发展效率对后面时期的劳均实际 GDP 的影响不明显。

表 4-5　　　　**LARGDP 的方差分解**　　　　单位：%

期	标准误差	LARGDP	FCR	FAE
1	0.049 481	100.000 0	0.000 000	0.000 000
2	0.077 398	98.791 09	1.187 910	0.021 002
3	0.099 674	94.41 271	5.574 516	0.012 771
4	0.118 942	89.490 50	10.475 15	0.034 346
5	0.136 444	85.104 27	14.805 02	0.090 710
6	0.152 803	81.64 544	18.190 64	0.163 919
7	0.168 448	79.050 80	20.710 89	0.238 311
8	0.183 692	77.137 01	22.557 30	0.305 694
9	0.198 762	75.719 69	23.916 90	0.363 401
10	0.213 822	74.652 38	24.93 600	0.411 617

4.3　本章小结

本章首先对甘肃省的经济增长历程进行了回顾和总结，将金融业分成银行业、资本市场和保险业三大块对其各自的发展历程进行了回顾；然后构建了衡量经济增长的指标、衡量金融发展规模的指标和衡量金融发展效率的指标；最后借鉴计量经济学理论，构建了 VAR 模型，通过协整检验得出经济增长和金融发展的相关关系，通过格兰杰检验得出两者的因果关系。并在此基础上进行了理论分析。主要结论如下：

（1）甘肃省的金融贡献比率、金融发展效率与经济增长之间存在着长期稳定的关系。金融贡献比率与经济增长显著正相关且是其单向格兰杰原因；经济增长与金融发展效率显著负相关且是其单向格兰杰原因。甘肃省当前的现状是：省内企业融资渠道狭窄，主要靠信贷融资，远远满足不了企业融资的需要；存在所有制歧视和信贷偏向现象，银行资金多投向国有企业，造成资本和良好投资机会相分离；资本市场发育迟缓、环境欠佳，直接融资规模过小，无论上市公司的数量还是筹资规模都明显落后于东部地区，企业债券筹资量也偏低；另外，保险业的覆盖面和渗透度亟须扩大，为本省经济增长发挥显著作用也还任重道远。

(2) 短期内，经济增长对金融贡献比率的冲击响应为正向且较为明显，说明金融规模的扩大会使金融贡献额迅速增加，从而加速经济增长；而甘肃经济增长对金融中介效率的冲击响应为负且不显著，金融中介效率从1989年的125%持续下降，到2011年仅为64%，说明由于甘肃本地好的投资项目较少，金融机构特别是国有银行吸收的部分省内存款分流到省外地区，也就是说存在大量资金外流现象。这些资金流向东南沿海地区的证券、房地产等一些泡沫经济成分较大的产业，而本省基础性产业和一些企业却长期缺少金融资本的支持。

(3) 从理论的角度验证了Goldsmith和Levine等学者的研究结论，同时也验证了Patrick假说。甘肃省金融深化与经济增长之间存在高度显著的正向相关关系。甘肃省作为发展中国家的欠发达地区，处于经济发展的早期阶段，金融发展相应就属于Patrick所提出的“供给导向”模式。这种情况下，金融部门需要通过金融机构和金融服务的扩张来直接动员储蓄为增长提供投资资金，同时降低了信息成本和交易成本，从而促进经济增长。另外，检验结果还证实了甘肃省金融发展对经济增长的促进作用主要是通过金融资产数量上的扩张，而不是通过金融资源配置效率的提高来实现的。这说明甘肃省的金融发展水平还处于一个较低阶段，今后在扩大金融资产规模、加快金融深化进程的同时还要注重提高金融中介的配置效率与质量，不断推进金融组织体系创新和制度创新才能发挥金融体系的积极作用。

第5章 甘肃省金融发展对经济增长的传导机制研究

上一章得出结论，甘肃省金融发展规模能够促进经济增长，本章就从间接的角度研究金融发展通过哪些渠道或作用机制来影响经济增长。因此，首先要找出经济增长的源泉(或渠道)，然后再来验证金融发展通过哪些渠道来推动经济增长。

5.1 甘肃省经济增长源泉分析与测算

在经济全球化的今天，作为发展中的大国，中国经济正驶入稳定持续快速发展的快车道。经历30多年的改革和开放，经济总量更是稳居世界第二，国内生产总值年均增长约9.8%，即使在1997东南亚金融危机和2007年世界金融危机的严重冲击下，我国经济仍然保持较快的增长速度，成为世界经济的重要引擎，国际社会把中国的这种发展归结为“中国模式”。众所周知，经济的产出水平由两方面的要素决定：一方面是劳动力和资本等有形的生产要素，我们称为资本积累(包含物质资本和人力资本)；另一方面是技术进步、管理效率、制度、经济结构性等影响经济效率的因素，我们称之为全要素生产率。经济增长理论与实践表明，资本(包含物质资本和人力资本)、劳动力与技术进步是经济增长的主要因素。

国内外学者针对要素投入与中国经济增长间的关系问题进行了大量的分析和研究。这些研究有助于我们全面了解推动中国经济增长的综合因素，明确要素与经济增长之间的传导机制和影响度。Chow等利用中国1978～1998年的时间序列数据研究发现，劳动力、全要素生产率以及物质资本三要素对中国经济增长的贡献度分别是10%、28%及62%。Wang等使用我国1978～1999年间的数据，在生产函数中引进人力资本要素变量，重估了物质资本投资、劳动力、人力资本积累和全要素生产率对我国经济增长的贡献度，各自的贡献率分别为47.7%、15.9%、11.0%和25.4%。吴延兵运用我国制造产业数据建立并估计两种不同的生产函数，同时实证检验了 R&D 资本与生产率之间的关系，研究发现 R&D 投资对我国生产率有显著的正向效应。杨建芳等基于我国 1985～2000 年 29 个省份的数据研究指出，教育投资、健康投资指标对我国的人均产出影响显著。王弟海等利用我国 1978～2003 年 28 个省份的数据实证研究了我国健康投资对经济增长的影响程度，结论是健康投资率同经济增长率存在正向相关关系。

综上所述，无论是物质资本还是人力资本、全要素生产率或者是教育投资等指标，都是中国经济增长的重要影响因素，这些研究为本书的研究奠定了基础。另外，郑京海和胡鞍钢、彭国华、颜鹏飞和王兵等学者关注了经济增长过程中高投入、低效率的问题，对提高资源的配置和使用效率、进一步转变经济增长方式进行了研究。首先对甘肃省经济增长的源泉——资本存量、人力资本和全要素生产率进行测算，为下一节的实证分析提供数据支持。

5.1.1　甘肃省资本存量的测算

资本作为分析和研究经济学问题的核心变量被广泛使用，它是指进入生产函数的对观测时段中的产出做出贡献的资本要素。研究目的不同，对资本的定义也不相同。一般地，从研究范围看，资本可分成广义资本和狭义资本，本书所测算的资本所指的是狭义的概念，即仅指物质资本。我国的物质资本数据缺乏，而很多相关研究如生产函数估算、全要素生产率等问题都离不开资本数据流。具体而言，资本指标对应的是其在产出中的生产能力，即生产中提供的服务流量而非存量。在实际中，对资本服务流量存在内涵界定和测算上的障碍和困难，所以部分学者就采用固定资本存量数据来替代资本要素。现实中，资本数据核算已经纳入国民经济核算体系，为分析和研究诸如生产函数估算、资本产出比以及全要素生产率等宏观经济问题提供了数据支持和保障。这种比较准确的全国、省域乃至县域资本存量数据的估算，对研究和比较分析该国家或地区所处经济发展阶段的特征具有较强的理论和现实意义。

对于物质资本存量估算的方法主要有两种：一种是 Hedonic 的评估法，另一种是 Goldsmith 在 1951 年提出的永续盘存法。学术界目前较为普遍采用的是 Goldsmith 的永续盘存法，这也是当前国际上比较流行且能够有效地核算资本数据的一种方法。

Goldsmith 在对美国年度资本存量数据进行估算时，开创性地提出并使用了永续盘存法，而后继的研究者们如 Jorgenson 在资本核算公式中首次引入了

“资本租赁价格”的概念。早在20世纪70年代初期，美国商务部就已正式启用永续盘存法对各年度资本存量数据进行测算。此后，大多数国家沿用该办法对本国的资本存量数据进行推算并作为官方数据发布。至此，永续盘存法牢固地奠定了自己在国际资本存量核算中的主流地位。当前，我国在该领域的研究工作较为滞后，至今鲜有官方机构公布的资本存量数据。

Christensen 和 Jorgenson 于1973年在永续盘存法中加入投资品价格以及资本服务租赁价格指标，从而形成了资本存量数量与资本服务价格良好的对偶体系，更进一步地拓展了永续盘存法的使用功能，由此奠定了该方法在资本存量核算中的主流身份。当然，永续盘存法之所以流行，关键还在于，该方法能够充分利用较长时期连续的、相对可靠的投资统计资料，并可以任意选用某一存量资料较为齐全的年份作为基期往前或往后逐年递推，从而获得较为准确的资本存量数据。该方法的理论模型简单推导如下：

$$K = \sum_{i=0}^{\infty} e_i I_{t-i} \tag{5-1}$$

式中，K_t 为第 t 年的资本存量；I_{t-i} 为此前投资；效率序列 $\{e_i\}$ 满足 $e_0=1$，$e_i \leqslant e_{i-1}$。

几何效率模式下 $e_i / e_{i-1}=1-\delta$，且折旧率与重置率相等，皆为常数 δ，此时利用递推条件可将式(5-1)改写成：

$$K_t = \sum_{i=0}^{\infty} (1-\delta)^i I_{t-i} \tag{5-2}$$

进行一阶差分并整理，可得到常用的简化公式：

$$K_t = (1-\delta) K_{t-1} + I_t \tag{5-3}$$

式中，K_{t-1} 为第 $t-1$ 年资本存量；δ 为第 t 年的资产折旧率；I_t 为第 t 年的投资。

近年来，国内外已经有很多学者利用各种方法（包括永续盘存法在内）来对我国的资本存量进行估算，这些研究主要涵盖三个层次：一是对全国的资本存量数据进行估计。最具代表性的研究有张军和章元、李治国和唐国兴、何枫以及邱晓华等。二是估算省份或地区的资本存量数据。如张军等对1952～2000年间全国30个省（区、市）的物质资本存量做了十分细致而有意义的估计，并公布了计算结果，为学术界后来的研究提供了重要的启示。此外，代表性的文献还包括单豪杰、王桂新、孙辉和支大林等的研究成果。三是估算产业层面的资本存量数据。如吴方卫核算了我国农业资本存量数据；黄勇峰等则较为系统地估算了1978～1995年间我国制造业的资本存量数据，以及最具代表性的14个工业资本存量数据；而徐现祥、周吉梅、舒元则测算了 1978～2002 年间全国各省份的三次产业资本存量。此外，还有舒元、邓艾、郝枫、钞小静、任保平等，在此不一一列举。

应该说，这些以永续盘存法为基础的实证研究，都具有一定的科学性和合理性。但由于在具体的估算中对所涉及的变量选取、指标设计等细节问题处理的差异，直接影响到研究结果的准确性和可比性（实际上，目前对资本存量数据进行核算仍未形成一套科学的、系统的估算办法，争议仍较大），因此，本书在梳理并总结前人研究成果的基础上尝试对这一问题进行探索。

本部分采用永续盘存法对 1978～2011 年甘肃省的资本存量（K_t）进行详细的测算，为后面研究分析金融发展、资本形成与经济增长提供可靠的基础数据。

对式(5-3)进行改进，得出计算物质资本存量的公式为：

$$K_t = I_t/P_t + (1-\delta_t)K_{t-1} \tag{5-4}$$

式中，K_t 和 K_{t-1} 分别为第 t 年和第 $t-1$ 年的资本存量；I_t 为第 t 年的新增投资额；P_t 为以 1978 年为基期的固定资产投资指数；δ_t 为第 t 年经济折旧率或重置率。

本书对上式中所涉及的关键变量沿用张军及沈坤荣的做法：

(1) 新增投资额用固定资本形成总额替代。

(2) 资产折旧率设定为 9.6%。

(3) 对于基期资本存量，由于使用永续盘存法对基期值的选取比较敏感，所以本书把基年选取为 1978 年，基期资本存量数值用甘肃省 1978 年的固定资本形成总额除以 10%而得。

(4) 以 1978 年为不变价格进行折算。由于考虑到某些数据不容易取得，本书衡量资本投入的指标选取为全社会固定资产投资，同时为了和生产总值计算的基年（1978 年）保持一致，并消除价格因素的影响以保证可比性，需要将固定资产投资进行换算。首先需要计算 GDP 缩减指数，公式为：

GDP 缩减指数＝按当年价格核算的 GDP/按可比价格核算的 GDP

在计算了 GDP 缩减指数之后，根据下面公式就可计算出按 1978 年可比价核算的固定资产投资额：

不变价固定资产投资额＝当年价固定资产投资额/GDP 缩减指数

5.1.2　甘肃省人力资本的测算

人力资本为社会总资本的一个有机构成。现代经济增长理论认为，人力资本作为经济增长的主要源泉之一，一国或地区人力资本存量水平的高低不仅为宏观管理决策提供重要信息，同时也为学术研究提供了重要的基础数据。具体来说，人力资本存量通过人力资本投资渠道而形成，并综合地反映了被投资人身上所具有的各类知识以及技能等。人力资本存量的计量是非常复杂的，对其如何测度这个问题一直困扰着经济学家，这也是人力资本问题研究中亟待破解的一大难题。并且，学术界对于如何计量人力资本存量水平分歧极大。例如，部分研究尝试以教育支出在财政总支出的占比高低来衡量人力资本水平，但这涉及如何将人力资本形成过程中所涉及的政府、企业以及个人教育三方投资进行科学分解的问题，而相关机构并未给出企业以及个人教育支出的数据，单纯地使用政府教育开支去衡量人力资本水平的做法存在较大缺陷。钱雪亚对关于人力资本存量计量的国内外研究及计算方法进行了较为完整的文献综述，认为主要有教育存量法、累计成本法和未来收益法三大类方法。

从目前的研究情况来看，教育存量法是目前学术界测算人力资本存量的常用办法。其主要研究紧扣人力资本的核心问题（即教育的知识形成）展开。一般地认为，教育成就的高低与人力资本投入量的大小成正比，而且较高的国民受教育程度有助于增加人力资本存量的规模。但实际研究中，学者们的视角不尽相同，如罗默以从事研发的科技人员的数量反映人力资本水平的高低；有的学者采用劳动者或总人口的“受教育年数总和”为标准；部分学者则使用诸如“识字率”或“成人入学率”等作为替代指标；还有学者选用就业人员或者总人口的平均受教育年限作为人力资本指标，这种方法是目前普遍被使用的一种方法。我国有不少学者估算了全国总量层次的“平均受教育年限”，用来代替人力资本存量，但是很少有学者估算省际（地区）的人力资本存量，其中陈钊等的研究具有代表性，他们在已有数据的基础上对 1987～2001 年我国各地区的人均受教育年限面板数据进行了估算，同时还估算了缺失年份的数据。这项工作为后来的研究者提供了借鉴，并为深入开展区域经济的研究提供了良好的基础。杨文举就以他们的数据为基础，对 1987～2004 年我国各省区的从业人员的人均受教育年限进行了估算。

总体说来，研究者们限于数据的可获得性以及研究目的差异，经常会选取不同的处理人力资本水平的指标。文章分析认为，从业人员的素质水平与经济效率的高低之间存在直接因果关系，而且在众多研究口径中或许使用平均受教育年限长度去衡量从业人员的综合素质，进而核算出人力资本存量是较为有效和合理的选择。这里本书沿用了杨文举处理人力资本水平的方法，采用国际通行的平均受教育年限法来计算就业人口的平均受教育年限，以作为衡量人力资本的指标。其计算公式为：

$$H = \frac{\sum_{j=1}^{n} p_j h_j}{P} \tag{5-5}$$

式中，H 表示从业人口的平均受教育年限；h_j 表示第 j 层次受教育程度的受教育年限；p_j 表示就业人口中第 j 层次受教育程度的总人数；P 表示总就业人数；j 表示受教育程度。

考虑到资料的统一性与可获得性，本书对从业者按受教育程度的高低，将其划分成文盲、小学文化、初中文化、高中文化以及大专（含大专）文化以上五个层次，并且设定这五个层次的受教育程度人口不仅包含毕业生，而且还包括校学生以及肄业生，按照正常的受教育年限，这五个层次应该分别是 0 年、6 年、9 年、12 年以及 16 年。原始数据来自 2000～2011 年的《中国劳动统计年鉴》中“各地区就业人员受教育程度构成表”。然后用甘肃省就业人口分布比例对这些年限进行加权平均处理，结果即甘肃省的宏观人力资本值（HUM）。本书采用的甘肃省从业人员人均受教育年限数据时间为 1987～2000 年，直接摘自杨文举（2006）的估算，而 2001～2011 年的缺失数据部分则采用杨文举的处理办法求得，1986 年之前的数据由插值法获得。

5.1.3　甘肃省全要素生产率（TFP）的测算

经济增长的原动力不仅在于生产要素投入的追加，更取决于生产率的提高。而生产率这一概念就准确地揭示了生产阶段的投入转化为产出的效率，根据生产中使用要素数量的多寡，可以将其划分为单要素生产率和全要素生产率（TFP）。全要素生产率通常意义上是指除资本、劳动等传统生产要素之外的诸如技术、制度等综合因素所带来的产出增加，是刨除资本、劳动等要素投入贡献后的残值，即索洛余值。在大多数研究中，学者们经常将全要素生产率与技术进步相互混淆，实际上全要素生产率的内涵比较丰富，它度量或者刻画的是除资本、劳动等要素之外对经济增长贡献的一切要素价值之和。由此可见，技术进步仅仅反映的是全要素生产率水平的冰山一角，此外它也包括了由于规模经济、管理改进和资源配置方式改变等而导致的生产效率的提高。

生产率简单来说就是产出与投入的比值，全要素生产率就是单位全要素投入所带来的产出。但是全要素生产率和劳动生产率、资本生产率这些单要素生产率是不同的，较之劳动投入以及资本投入产出的核算，全要素生产率由于缺乏明确的量纲，测算起来比较困难。Tinbergen 最早对全要素生产率进行了研究，为了表示"效率"水平，他在柯布-道格拉斯形式的资本和劳动投入函数中添加了一个时间趋势，提出了全要素生产率的概念。另外，他还首次运用全要素生产率对不同国家的生产率进行了比较研究。而 Kendrick 则简约地把全要素生产率定义成总产出与总投入的比值。相比较而言，Hiam Davis 对全要素生产率内涵的分析则更为全面，它泛指一切投入要素，除劳动力、资本等传统要素外，原材料、能源等要素也在其研究之列。

本书借鉴 Kendrick 的做法，从生产率的本质出发，将全要素生产率（TFP）定义为在一定时期内一个企业、行业、国家或地区所能生产的总产出与其对应的总投入的比值，可以写成公式：

$$\text{TFP}=Y/X=\text{总产出}/\text{总投入} \tag{5-6}$$

上式中的总产出和总投入是一个相当宽泛的概念，若考虑有一个总产出 Y 和两种投入（即资本 K 和劳动 L），则可以写出下式：

$$A = Y/(K^{\alpha}L^{\beta}) \tag{5-7}$$

式中，Y 表示总产出；K 表示资本投入；L 表示劳动力；α 和 β 是参数；A 代表全要素生产率水平。

对全要素生产率进行测算的主要方法有：索洛余值法、非参数生产率指数法以及随机前沿生产函数法。本书重点介绍索洛余值法和非参数生产率指数法，即 DEA-Malmquist 指数法。

索洛将技术进步因素纳入经济增长模型，提出了改进的 C-D 生产函数模型，并分解出技术进步因子对经济增长的贡献度，即增长余值。具体来说，他将时间变量引入总量生产函数，并假设技术进步存在希克斯中性，也即生产函数的平移并不改变资本与劳动要素之间的边际替代率。设总量生产可能性函数为：

$$Y = A(t)F(K,L) \tag{5-8}$$

式中，Y 代表总产出；K 代表资本投入；L 代表劳动投入。

对式（5-8）两边取对数，并分别将各变量关于时间全微分，从而得到：

$$R = \gamma \frac{\mathrm{d}A}{A} = \frac{\mathrm{d}Y}{Y} - \alpha \frac{\mathrm{d}K}{K} - \beta \frac{\mathrm{d}L}{L} \tag{5-9}$$

式中，$\alpha=\dfrac{\partial Y/Y}{\partial K/K}$和$\beta=\dfrac{\partial Y/Y}{\partial L/L}$分别代表资本产出弹性和劳动产出弹性。

索洛把资本以及劳动力的贡献度从总产出中扣除后剩余的部分，定义为余值，反映了全要素生产率作为技术进步对总产出的贡献，实际上这里索洛认为全要素生产率与技术进步贡献是等价的。索洛余值除了解释为技术进步外，还包含了规模效应的变化、效率的提高等方面的内容。郑玉歆认为，索洛余值的大小是综合因素共同作用的结果，不仅产出水平、要素投入以及技术进步等影响该值，甚至制度因素、经济政策的变化以及分析期差异等也会对余值产生影响。实际上，哪怕是单纯地就生产函数进行影响因子分解，我们所得到的余值也不能简单地将其认定为全部是技术因素的贡献，诸如规模报酬等的影响也应该考虑其中。李国璋分析指出，索洛余值与技术进步之间不能笼统地进行等价，它涵盖了包括技术进步在内的一系列非物质投入的贡献。具体来讲，这些个非物质投入既有政策、体制和管理等层面的考虑，也应兼顾诸如劳动者行为、科技以及教育等因素。

Charnes 等提出并使用数据包络分析(DEA)，对投入产出的效率问题进行研究。该方法集数学、数理经济学、运筹学以及管理科学等为一体，能够对具有同质投入产出决策单元(DMU)的相对有效性做出科学评价。这种技术已经在经济、管理等领域得到广泛应用。这种方法的优点是不受生产函数是何种形式的影响，它以线性规划为工具，依靠实际观测数据构造出生产前沿面，并在此基础上评估决策单元的相对效率。数据包络分析的出现，弥补了传统方法在处理多输入与多输出较为复杂的结构系统的无助，显示了该方法独特的优势。

Malmquist 基于 Shephard 提出的投入产出距离函数推导出了“Malmquist 指数”，用来分析不同阶段的消费变化。Farrell 最早提出了数据包络分析(DEA)技术的概念。其核心技术在于，以匹配最紧密(或者最小的)的凸面球壳去包络投入产出的数据集，那么该数据集的边界就反映了最佳实践的技术前沿。Caves 等率先提出了基于 DEA 的指数方法，并以此作为生产率指数。该方法是一种非参数方法，通过数学规划评价生产者的技术效率、求解生产技术前沿等。利用数据包络分析技术，还可以求解 Malmquist 生产率变动指数，用途十分广泛。

李静认为，DEA 方法较之传统生产函数有以下优势：① 该方法由数据包络分析推导而来，在不考虑具体函数形式的情况下就能够获得前沿函数。② 该方法对相关投入要素的价格没有要求，更加有利于实证研究。由于在实证研究中，要素的数量以及价格等信息很难获取，但相关投入与产出的数据获取相对容易，因此该方法对实证分析很有益处。③ 该方法可以将生产力变动进行深入分解为多个指标。例如，可以分解为技术进步变动和经济效率变动指标，这样就可以相应测算出技术进步和生产效率的变动情况。④ 具有很强的客观性。该方法不必事先敲定各指标的权重值，从而克服了因评价者对权重分配的差异而导致对评价结果的影响。⑤ 实用性强，应用广泛。这种方法也经常被生产单位、企事业单位以及公共服务部门等用于工作效率评价。⑥ DEA 可以作为统计方法的一种有益补充。

利用 Malmquist 指数法来测算全要素生产率(TFP)的优点主要有：① 该法不考虑相关价格的信息，即便在要素价格缺失的条件下，该法同样适用；② 该法属于非参数分析，对生产函数的形式不作要求和限制，从而规避了模型设定的偏误问题；③ 对 Malmquist 指数法生成的 TFP 增长指数还能够被进一步地分解，这更加丰富了我们的分析结果。用(x_s, y_s)和(x_t, y_t)分别表示 s、t 时期的投入产出向量，用 $d_0^s(x_s, y_s)$和 $d_0^s(x_t, y_t)$表示以 s 时期技术 T_c^s 为参照的，时期 s 以及时期 t 的投入-产出向量的产出距离函数。由此可知，技术下产出视角的 s 时期的 Malmquist 生产率指数可以表示成：

$$m_0^s(x_s, y_s, x_t, y_t) = \frac{d_0^s(x_t, y_t)}{d_0^s(x_s, y_s)} \tag{5-10}$$

同理，以 t 时期技术 T_c^t 为参照的，可以方便地构建出技术下产出视角的 t 时期的 Malmquist 生产率指数公式为：

$$m_0^t(x_s, y_s, x_t, y_t) = \frac{d_0^t(x_t, y_t)}{d_0^t(x_s, y_s)} \tag{5-11}$$

当时期 s 到 t 发生技术进步时，有 $m_0^s(x_s, y_s, x_t, y_t) > 1$、$m_0^t(x_s, y_s, x_t, y_t) > 1$。指数大于 1，显示从 s 时期到 t 时期的全要素生产率在增长。可见，时期的选择会导致不同的结果，为了避免这种情况，Caves 等依据 Fisher 理想指数的构建原理，取两时期 Malmquist 指数的几何均值，用以衡量 s 时期至 t 时期生产率变化的 Malmquist 生产率指数 $m_0(x_s, y_s, x_t, y_t)$，用公式表示为：

$$m_0(x_s, y_s, x_t, y_t) = \left[\frac{d_0^s(x_t, y_t)}{d_0^s(x_s, y_s)} \times \frac{d_0^t(x_t, y_t)}{d_0^t(x_s, y_s)}\right]^{1/2} \tag{5-12}$$

同时他们在假设 Translog 形式距离函数的条件下，还证明了 Malmquist 生产率指数等于 Tornqvist 生产率指数的结论，且与 Fisher 生产率指数接近。

因此，从 t 期至 $t+1$ 期 TFP 增长的 Malmquist 指数可表示为：

$$m_0(x_t, y_t, x_{t+1}, y_{t+1}) = \left[\frac{d_0^t(x_{t+1}, y_{t+1})}{d_0^t(x_t, y_t)} \times \frac{d_0^{t+1}(x_{t+1}, y_{t+1})}{d_0^{t+1}(x_t, y_t)}\right]^{1/2} \tag{5-13}$$

式中，(x_{t+1}, y_{t+1})为第 $t+1$ 期的投入产出向量；(x_t, y_t) 为第 t 期的投入产出向量；

d_0^t、d_0^{t+1} 分别为以 t 期技术水平为参照条件的，第 t 期与第 $t+1$ 期的距离函数。

那么 Malmquist 指数事实上就是 t 期与 $t+1$ 期生产率指数的几何均值。

对甘肃省名义 GDP 使用 GDP 平减指数进行平减，并折算成基期为 1978 年不变价格的数据，以此来表示产出量，用年末就业人口数量表示劳动力投入。资本投入也折算成以 1978 年为不变价格的数值。数据处理由 DEAP 2.1 软件完成，由此可得出甘肃省 1978～2011 年各年间的 TFP 指数。

下面把甘肃省的经济增长指标及物质资本存量、人力资本和全要素生产率的测算值列入表 5-1。

表 5-1　　　　　　　　甘肃省经济增长相关指标值

年份	国内生产总值（以 1978 年为基期）/亿元	就业人数/万人	劳均国内生产总值（以 1978 年为基期）/元	劳均物质资本存量（以 1978 年为基期）/元	人均受教育年限/年	全要素生产率 TFP
1978	64.73	694.00	932.71	4 057.64	4.34	0.381 4
1979	65.64	713.00	920.65	3 944.29	4.43	0.385 3
1980	71.60	796.00	899.55	3 463.83	4.52	0.423 7
1981	65.56	842.00	778.61	3 177.59	4.62	0.398 1
1982	71.41	870.00	820.81	3 013.59	4.71	0.442 6
1983	82.02	993.80	825.31	2 627.01	4.8	0.510 5
1984	93.30	1 047.00	891.13	2 510.25	4.9	0.576 8
1985	105.61	1 081.40	976.64	2 507.11	4.99	0.633 0
1986	117.26	1 098.90	1067.05	2 577.80	5.09	0.672 6
1987	127.72	1 139.70	1 120.63	2 613.55	5.29	0.696 7
1988	145.16	1 178.80	1 231.40	2 628.59	5.35	0.761 2
1989	157.86	1 214.00	1 300.31	2 665.82	5.42	0.792 6
1990	166.74	1 292.40	1 290.19	2 620.75	5.37	0.799 9
1991	177.70	1 302.40	1 364.38	2 735.41	5.56	0.810 5
1992	195.27	1 305.90	1 495.30	2 869.57	5.63	0.846 7
1993	217.86	1 417.80	1 536.62	2 795.63	5.34	0.893 1
1994	241.35	1 438.81	1 677.40	2 921.39	5.79	0.933 0
1995	266.34	1 483.32	1 795.60	3 032.85	5.66	0.962 0
1996	298.21	1 521.46	1 960.03	3 184.80	5.86	1.000 0

续表 5-1

年份	国内生产总值(以1978年为基期)/亿元	就业人数/万人	劳均国内生产总值(以1978年为基期)/元	劳均物质资本存量(以1978年为基期)/元	人均受教育年限/年	全要素生产率 TFP
1997	325.29	1 530.32	2 125.62	3 477.10	6.25	0.997 6
1998	356.91	1 539.80	2 317.89	3 797.91	6.14	1.000 0
1999	389.15	1 489.00	2 613.50	4 400.09	6.41	1.000 0
2000	426.90	1 476.45	2 891.40	5 038.29	6.58	1.000 0
2001	468.59	1 488.93	3 147.14	5 811.61	6.95	0.987 6
2002	514.81	1 500.59	3 430.72	6 701.94	6.91	0.972 9
2003	570.10	1 510.85	3 773.39	7 682.26	7.2	0.967 4
2004	635.73	1 520.46	4 181.14	8 772.98	7.55	0.968 6
2005	711.04	1 391.36	5 110.39	10 977.49	6.98	0.990 8
2006	792.86	1 401.36	5 657.78	12 406.22	6.56	0.992 1
2007	890.36	1 414.76	6 293.37	13 953.05	6.79	1.000 0
2008	980.65	1 446.34	6 780.19	15 535.68	7.12	0.999 3
2009	1 081.55	1 488.63	7 265.43	17 480.80	7.18	0.983 2
2010	1 208.85	1 499.56	8 061.38	19 948.04	7.98	0.988 3
2011	1 360.20	1 500.26	9 066.43	22 874.91	8.12	1.000 0

5.2 甘肃省经济增长源泉的实证研究

5.2.1 模型构建

为了对投入与产出间的作用机制进行分析和描述，Barro 等构建了以物质资本和人力资本为解释变量，并假定规模报酬不变的柯布-道格拉斯生产函数：

$$Y = AK^{\alpha}H^{1-\alpha} \tag{5-14}$$

式中，Y 表示产出；K 表示物质资本存量；H 表示人力资本存量；$\alpha \in [0,1]$；A 代表全要素生产率，用以表示如技术、制度等影响因素。

在实际研究中，由于人均产出指标能够更好地反映社会福利状况，因此大多关于增长差异问题的研究往往用该指标衡量一个国家或地区的经济水平。

把式(5-14)改写并对各变量取自然对数后，得到下式：

$$\ln y = \ln A + \alpha \ln k + (1-\alpha)\ln h \tag{5-15}$$

式中，$y=Y/L$，表示人均产出水平；$h=H/L$，为人均资本存量；$k=K/L$，表示人均物质资本量。其中L为劳动力数量。

单就人力资本而言，学者们的定义和理解不尽相同，本书通过以下处理得到人力资本数据：

$$H = e^{\lambda E}L \tag{5-16}$$

式中，E为劳动力受教育年限的平均值；λ反映了E每增加一年，人均人力资本($h=H/L$)增长的幅度。

由式(5-15)和式(5-16)整理得到下式：

$$\ln y = \alpha \ln k + (1-\alpha)\lambda E + \ln A \tag{5-17}$$

式(5-17)说明，人均产出除受人均资本存量、人均受教育年限长度等因素影响外，还受如技术、制度、文化以及习惯等因素的影响。

中国经济实际上是在“干中学”的过程中不断向前发展的，那么与“干中学”相结合的制度形式，如管理模式、体制等都会对人力资本的生产效率产生积极或消极的影响，从而波及产出水平。为了全面、深入地分析问题，本研究把包括技术进步、制度因素等在内的全要素生产率纳入经济增长模型，以便使其能够更为准确地刻画经济增长的进程。我们参照沈坤荣的做法，设定经济增长的计量模型如下：

$$\ln y = \beta_1 \ln k + \beta_2 \ln h + \beta_3 \ln A + \mu \tag{5-18}$$

式中，$\ln y$为人均产出的对数；$\ln k$为人均物质资本的对数；$\ln h$为人力资本均值的对数；$\ln A$为全要素生产率，同时考虑技术、生产效率等因素影响度。

5.2.2　变量选取和数据来源

(1) 变量选取

样本区间选择为1978～2011年。对比分析和研究已有成果并结合实际，选取甘肃省人均实际GDP作为被解释变量，而将人均物质资本存量、劳均人力资本和全要素生产率(TFP)作为解释变量，通过实证检验对甘肃省经济增长的影响因素进行分析说明。各变量均折算成以1978年为不变价格的数值。

(2) 数据来源

本书所使用甘肃省1978～2011年间的数据来自中经网、国研网、《新中国六十年统计资料汇编》、《甘肃统计年鉴》(1990～2009)、《甘肃发展年鉴》(2010～

2012)、《中国劳动统计年鉴》(2000～2011)。这些数据包括甘肃省国内生产总值、国内生产总值指数、资本形成总额、固定资本形成总额、甘肃省就业人员受教育程度构成等。

5.2.3 变量定义

(1) 经济增长变量

本书用劳均实际GDP(以1978年为基期)来衡量经济增长,即通过以1978年为基期的GDP平减指数将历年的GDP调整为1978年可比价后除以劳动力总量,其中劳动力总量为经济活动人口数。并对劳均实际GDP取对数,以消除数据的异方差,记为LARGDP。

(2) 物质资本存量

本书采用永续盘存法测算出甘肃省1978～2011年物质资本存量(以1978年为基期),然后推导出劳均物质资本存量并对其取对数,记为LARK。

(3) 人力资本

本书用受教育年限法来测算人力资本水平,记为HUM。

(4) 全要素生产率

本书用DEA数据包络线的方法测算出甘肃省1978～2011年的全要素生产率,记为TFP。为了符合C-D函数模式,对其百分值取对数,记为LTFP。

5.2.4 实证分析

(1) 平稳性检验

对LARGDP、LARK、HUM和LTFP的ADF单位根检验,其结果见表5-2。

表5-2　　LARGDP、LARK、HUM和LTFP的ADF检验结果

变量	$I(c,t,d)$	ADF值	临界值			P值	稳定性
			1%	5%	10%		
LARGDP	$I(c,t,1)$	−3.054 963	−4.262 735	−3.552 973	−3.209 642	0.133 5	不稳定
LARK	$I(c,t,1)$	−2.935 804	−4.273 277	−3.557 759	−3.212 361	0.165 3	不稳定
HUM	$I(c,t,0)$	−2.691 498	−4.262 735	−3.552 973	−3.209 642	0.246 3	不稳定
LTFP	$I(c,t,0)$	−0.811 265	−4.262 735	−3.552 973	−3.209 642	0.954 3	不稳定
DLARGDP	$I(c,t,1)$	−4.675 078	−4.273 277	−3.557 759	−3.212 361	0.003 8	稳定

续表 5-2

变量	$I(c,t,d)$	ADF 值	临界值			P 值	稳定性
			1%	5%	10%		
DLARK	$I(c,t,1)$	−3.960 000	−4.273 277	−3.557 759	−3.212 361	0.020 7	稳定
DHUM	$I(c,t,0)$	−5.956 173	−4.273 277	−3.557 759	−3.212 361	0.000 1	稳定
DLTFP	$I(c,t,0)$	−5.171 309	−4.273 277	−3.557 759	−3.212 361	0.001 1	稳定

注：括号内 c、t、d 分别表示截距项、时间趋势以及滞后项；滞后阶数由 AIC、SC 最小值原则确定。

由表 5-2 可见，各变量的原始序列均不能拒绝存在单位根的假设，即 LARGDP、LARK、HUM 以及 LTFP 均为非平稳时间序列。但各序列一阶差分后各变量都是平稳序列。因此，以上四变量均为一阶单整，即为$I(1)$。对于这些非平稳的经济变量，应采用协整的方法进行检验分析它们之间的相关性。

（2）协整检验

本书采用 Johansen 方法来检验 LARGDP、LARK、HUM 和 LTFP 四变量的协整关系，检验结果见表 5-3。

表 5-3　　LARGDP 和 LARK、HUM、LTFP 的协整关系检验结果

原假设（协整向量的数目）	特征根	迹统计量（P 值）	迹检验结果	最大特征值统计量（P 值）	最大特征值检验结果
没有	0.619 315	59.361 35(0.002 9)	拒绝**	29.939 29(0.024 5)	拒绝**
至多一个	0.396 054	29.422 06(0.055 2)	接受	15.632 38(0.247 1)	接受
至多两个	0.359 057	13.789 68(0.088 9)	接受	13.789 24(0.059 3)	接受

注：** 表示在 5%临界值水平下拒绝原假设。

由表 5-3 可知，迹检验结果以及最大特征值检验结果都表明，在 5%的显著性检验水平下，拒绝“不存在协整关系”的原假设，说明变量间存在“协整关系”（一个协整关系），因此，LARGDP、LARK、EDU 以及 LTFP 之间的长期均衡关系可以描述成（正规化后）：

$$\begin{aligned}&\mathrm{LARGDP}=0.485\,8\mathrm{LARK}+0.566\,4\mathrm{HUM}+0.567\,4\mathrm{LTFP} \quad (5\text{-}19)\\&\qquad\qquad(0.063\,9)^{***}\quad(0.1098)^{***}\quad(0.1748)^{***}\end{aligned}$$

式中，*** 表示检验值大于 1%置信水平下的临界值；括号内为标准差。

因此，物质资本存量、人力资本和全要素生产率对经济增长显著呈正向的推动作用，物质资本存量提高 1 个百分点，对经济增长贡献 0.49 个百分点；人均教育年限提高 1 年，对经济增长贡献 0.57 个百分点；全要素生产率提高 1 个百分点，对经济增长贡献 0.57 个百分点。

协整检验仅仅表明了变量间的长期均衡关系，那么这种均衡关系是否存在直接因果关系呢？这还需要进一步通过格兰杰因果检验来确定。表 5-4 中的数据说明在 10%的显著性水平下，经济增长和物质资本存量、人力资本及全要素生产率互为 Granger 因果关系。

表 5-4　LARGDP 与 LARK、HUM、LTFP 的格兰杰因果检验结果

原假设	F 统计量	P 值
LARK 不是 LARGDP 的格兰杰原因	7.214 85	0.011 67
LARGDP 不是 LARK 的格兰杰原因	70.861 9	2.1E-09
HUM 不是 LARGDP 的格兰杰原因	11.631 2	0.001 87
LARGDP 不是 LARK 的格兰杰原因	5.109 05	0.031 22
LTFP 不是 LARGDP 的格兰杰原因	8.445 31	0.006 82
LARGDP 不是 LTFP 的格兰杰原因	2.943 61	0.096 53

上述分析很好地描述了甘肃省 1978～2011 年的经济增长。这个结果也与先前的预期非常吻合。劳均物质资本存量、人力资本和全要素生产率均是经济增长的显著源泉，并均起到了正向的推动作用。按照第 3 章的理论分析，将在下面研究金融发展通过这三个渠道对经济增长的推动作用。

5.3　从资本配置效率视角对甘肃省经济增长方式进行分析

改革开放以来，伴随中国经济持续高速增长的是高水平的投资率。2005 年，中国经济增长前沿课题组研究指出，改革开放以来，维系中国经济高速增长的动力源于高投资、低消费方式，外在表现主要是资本、能源以及劳动力的粗放式投入，而技术、制度以及全要素生产率（TFP）等对经济增长的贡献度非常低，同时这种增长方式往往伴随着资源浪费、重复投资、环境污染以及生态恶化等负外部性，未来的可持续增长很难保证。因此，在以后的经济发展道路上，提高资本形成质量、促进经济发展方式转变已成为中国经济又好又快增长的必要选择。

本节以资本产出比和边际资本产出比率测度资本配置效率，对甘肃省 1978～2011 年资本配置效率概况做了比较和研究。

（1）资本产出比

资本产出比是指每生产一单位的产出所需要投入的资本量，即 K/Y。其中，K 为资本存量，Y 为产出水平。如果资本产出比较高，则表明为获得单位产出需要投入的资本量就越多；反之，资本产出比较低，表明为获得单位产出需要的资本投入量就越少。所以，资本产出比指标很好地衡量了资本效率水平的高低。结合前面关于资本存量的核算数据，绘制出甘肃省 1978～2010 年的资本产出比走势图，如图 5-1 所示。

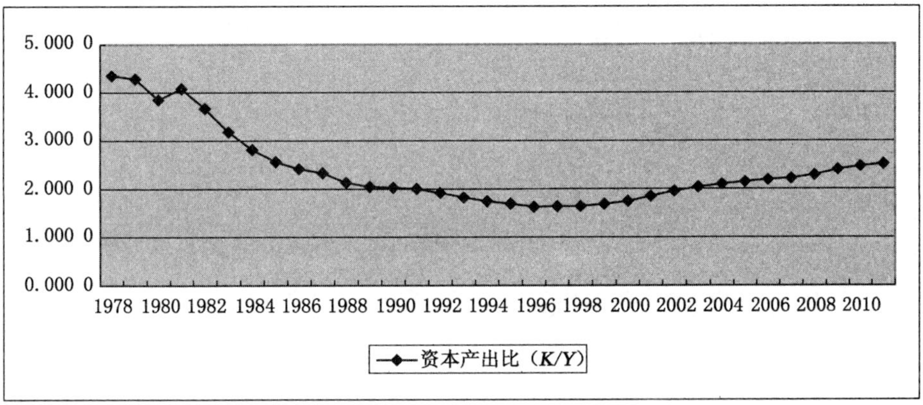

图 5-1　甘肃省 1978～2011 年资本产出比变化趋势

（2）边际资本产出比

边际资本产出比率（ICOR）是资本存量的增量和产出增量的比值 $\mathrm{d}K/\mathrm{d}Y$，表示在一定时期内需要多少个单位的投资才能拉动一个单位的产出增量。边际资本产出比率（ICOR）的数值越大，表示拉动一个单位的产出增量所需投资越多，也就意味着资本配置效率越低；反之，ICOR 越小，表示资本配置效率越高。若是不考虑折旧，那么资本存量的增量 $\mathrm{d}K$ 就恒等于投资流量 I，所以这种情况下边际资本产出比率可以用投资流量和产出增量的比率 $I/\mathrm{d}Y$ 表示。边际资本产出比率的计算式如下：

$$\mathrm{ICOR}=\frac{\mathrm{d}K}{\mathrm{d}Y}=\frac{I}{\mathrm{d}Y}$$

从图 5-1 和图 5-2 可以看出，1996 年以前，甘肃省经济增长由粗放渐渐向集约靠近，资本配置效率逐渐提高；1996 年以后，又逐渐依靠加大投资来进行拉动，资本配置效率不断下降，亦即高速增长是在效率下降的情况下，依靠投资规模的扩大来拉动的。目前甘肃省经济面临转型的压力进一步加大，今后的目标应该是转变这种依靠投资拉动型的数量型增长方式为依靠生产率提高的质量型增长方式。在扩大投资的同时，应注重对管理水平的提高和对先进技术的引进，以提高投资效率。今后，甘肃省必须采取有效措施，尽快转换经济发展模式，在逐渐降低投资规模的同时，提高资本配置效率，依靠技术创新和管理水平的提高来推动经济发展。

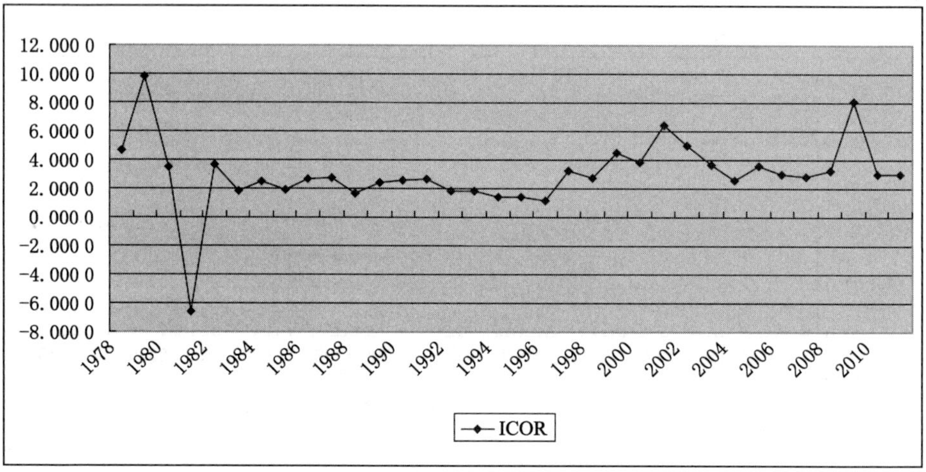

图 5-2 甘肃省 1978～2011 年边际资本产出比率变化趋势

5.4 甘肃省金融发展对经济增长作用机制的实证研究

实现资本的优化配置是金融市场的基本职能，金融体系通过资本积累和全要素生产率两种途径影响经济增长。一般而言，金融体系通过影响储蓄率或者通过重新配置资本到更有效率的生产部门来影响资本积累率和生产效率，进而影响经济增长。Benhabib 等研究发现，金融发展和物质资本、人力资本积累和全要素生产率增长之间都存在着相关关系，但衡量金融发展的流动性负债指标对全要素生产率会产生正效应，而金融发展对物质资本和人力资本积累的影响则与此不同。熊鹏、王飞认为，资本积累、人力资本与制度改革是金融发展与经济增长间内生传导渠道，其中资本积累是最主要的传导渠道，且银行的作用大于金融市场。

5.4.1 金融发展和增长源泉之间关系的文献分析

先简单回顾整理一下金融发展与资本积累、投入要素以及全要素生产率等增长源泉之间关系的文献。国内外学者关于金融发展和增长源泉的研究，是派生于金融发展与经济增长关系的研究之中，即随着金融与经济增长研究不断深入的过程中产生的。在古典主义和新古典理论的分析框架下，由于假定资本的边际报酬递减，因此极大地限制了金融发展对经济增长的作用，导致相关研究主要集中于金融发展通过对储蓄决策的影响和资本积累来对经济增长发生作用；内生经济增长理论则对资本边际报酬递减假设予以放宽，相应推动了金融发展和全要素生产率之间关系的研究。

(1) 金融发展与资本积累

国外一些学者强调了金融发展可以通过促使资本积累来推动经济增长，例如 Patrick、Mckinnon、Shaw、Kapur、King、Rioja、Valev 等。

国内学者对此看法不一，有学者认为金融体系有效地促进了资本（物质资本和人力资本）的形成和积累，如韩廷春、中国社会科学院经济所课题组、沈坤荣、孙文杰、王少国、袁云峰、彭文平、王永中、高凌云、王飞、赵振全、王永剑、刘春杰、钱良信等；也有学者认为金融发展促进投资和资本积累不明显，如潘文卿、张伟、贺力平、沈坤荣、范学俊、成力为等；还有一些研究认为，我国地区层面金融发展促进投资增长呈现明显的地区差异，如陈邦强、曾五一、赵楠、谭本艳等。

(2) 金融发展与全要素生产率（包括资源配置效率、技术进步等）

将金融发展与全要素生产率纳入同一分析框架中也广为学术界关注，姚耀军对已有文献做出了相对较为全面的综述。国外有学者认为金融中介改善了资金配置效率，进而促进了全要素生产率的提高，如 Greenwood、Jovanovic、Bencivenga、Smith、Benhabib、Spiegel、Rajan、Zingales、Beck、Azid、Duenwald、Nourzad、Rioja、Valev、Arestis 等。

国内有学者认为金融发展一般通过鼓励技术创新与新技术应用推动技术进步，提高全要素生产率，如何枫、陈荣、黄炳艺、曾五一、张军、王晓芳、高继祖、王永中、于震、朱承亮、赵勇、姚耀军、钱水土、周永涛等；另外，有一些学者认为金融发展不利于技术进步，如何枫、陈刚、师文明、王毓槐等。

在现实经济中，经济增长的速度取决于投入到经济运行中的资金量，即实际有效投资。无论发达国家还是发展中国家，都主要依赖直接融资和间接融资两种方式将储蓄转化为现实经济中的投资。这两种融资方式的效率直接决定了储蓄向投资的转化效率。在现有的储蓄资源(资本供给)固定不变时，金融体系能否将现有的储蓄转化为投资，能否加速资本积累，能否增加人力资本的投资，能否促进研发投入和技术创新，这些是对经济能否长期增长起到了重要作用的关键。

长期以来，我国的融资市场一直以间接融资为主，在间接融资中又是以国有商业银行为主体，市场结构单一。就企业而言，其大部分资金来自银行贷款和自身积累，而通过发行债券和商业票据所筹资的数额也极为有限。这一方面使企业的资产负债率过高、还本付息等财务压力很大，另一方面银行体系集中了过多潜在的系统风险。另外，国有银行存在“所有制歧视”现象，贷款主要面向的是大中型国有企业，而国有企业的固有体制和激励机制很难在短期内得以改善，自身的弊端和顽疾难以改变，使得贷款的使用效率低下。其他金融中介如中小银行和民间借贷则发展缓慢，在金融体系中的地位低下，贷款总量有限。所以，目前间接融资的效率不高。再来看看我国的直接融资情况，虽然自 20 世纪 90 年代以来股票市场和债券市场取得了快速发展，企业直接融资在金融机构资产中所占比例越来越大，但是由于各方面原因，其中通过直接融资募集来的大量资金转向风险较高的房地产市场和证券市场，而并没有转化为企业的实际投资，造成了直接融资的风险大并且效率低。

以下的实证研究以金融规模和金融效率衡量地区的金融发展水平。具体而言，以当年全部金融机构年末本外币贷款增加额衡量地区的间接融资额，以上市公司 IPO、SPO、配股增发以及公司债券实际募集资金之和衡量各地区的直接融资额。衡量金融规模的指标 FCR 是各地区直接融资额与间接融资额之和与该地区国内生产总值的比例。本书把 FAE 定义为金融机构的贷款余额与存款余额之比，并以此反映金融机构将存款余额转化成贷款水平的能力效率，体现金融的发展效率。

5.4.2 甘肃省金融发展对经济增长作用机制的实证研究

下面就通过实证分析，验证甘肃省金融发展是否对资本积累和全要素生产率增长有积极作用。

5.4.2.1 变量选取、数据来源和变量定义

(1) 被解释变量和解释变量

为了解释甘肃省金融发展和各生产要素的关系，我们选取甘肃省物质资本存量（以 1978 年为基期）、人力资本和全要素生产率（TFP）作为被解释变量，将金融贡献比率（FCR）和金融发展效率（FAE）作为解释变量。

（2）数据来源

本书所使用甘肃省 1978～2011 年间的数据来自中经网、国研网、《新中国六十年统计资料汇编》、《中国劳动统计年鉴》（2000～2011）、《甘肃统计年鉴》（1990～2009）、《甘肃发展年鉴》（2010～2012）、《甘肃金融年鉴》（1990～2012）、《甘肃金融发展五十五年》和《2004～2011 年甘肃区域金融运行报告》等。这些数据包括甘肃省国内生产总值 GDP、国内生产总值指数、资本形成总额、固定资本形成总额、甘肃省就业人数、甘肃省就业人员受教育程度构成、金融机构存贷款余额、股票筹资额、债券发行额和保费支出额等。

（3）变量定义

① 物质资本存量：本书采用永续盘存法测算出甘肃省 1978～2011 年物质资本存量，然后推导出劳均物质资本存量并对其取对数，记为 LARK。

② 人力资本：本书用受教育年限法来测算人力资本水平，记为 HUM。

③ 全要素生产率：本书用 DEA 数据包络线的方法测算出甘肃省 1978～2011 年的全要素生产率，记为 TFP。为了符合 C-D 函数模式，对其百分值取对数，记为 LTFP。

④ 金融贡献比率（FCR）：该指标为实体经济每年从金融行业筹集到的资金总额与 GNP 的比值，以此指标去度量区域金融发展规模以及金融深化水平，从而测度了金融增长对区域经济增长的贡献。鉴于数据的可获取性，本书将金融贡献比率具体表述成：

$$\mathrm{FCR}=[\text{金融机构贷款增量}+\text{债券筹资额}+\text{股票筹资额}+\text{保费支出额}]/\text{国内生产总值}$$

⑤ 金融发展效率（FAE）：本书 FAE 定义为金融机构的贷款余额与存款余额之比，并以此反映金融机构将存款余额转化成贷款水平的能力效率，体现金融的发展效率。

在第 4 章的基础上，为了剖析甘肃省金融发展作用于经济增长的传导机制，我们考察金融发展两个指标变量与经济增长源泉中每一个解释变量（物质资本存量、人力资本和全要素生产率）之间的关系，从而可以建立下列计量模型：

$$\begin{cases} LARK = \beta_{10} + \beta_{11} FCR + \beta_{12} FAE + \varepsilon_1 \\ HUM = \beta_{20} + \beta_{21} FCR + \beta_{22} FAE + \varepsilon_2 \\ LTFP = \beta_{30} + \beta_{31} FCR + \beta_{32} FAE + \varepsilon_3 \end{cases} \tag{5-20}$$

5.4.2.2 金融发展对经济增长传导机制的实证研究

(1) 平稳性检验

对 LARK、HUM、LTFP 和 FCR、FAE 做 ADF 单位根检验，其检验结果见表 5-5。

表 5-5　　时间序列的 ADF 检验结果

变量	$I(c,t,d)$	ADF 值	临界值			P 值	稳定性
			1%	5%	10%		
LARK	$I(c,t,1)$	−2.935 804	−4.273 277	−3.557 759	−3.212 361	0.165 3	不稳定
HUM	$I(c,t,0)$	−2.691 498	−4.262 735	−3.552 973	−3.209 642	0.246 3	不稳定
LTFP	$I(c,t,0)$	−0.811 265	−4.262 735	−3.552 973	−3.209 642	0.954 3	不稳定
FCR	$I(c,t,0)$	−3.009 102	−4.262 735	−3.552 973	−3.209 642	0.145 0	不稳定
FAE	$I(c,t,0)$	−1.266 149	−4.262 735	−3.552 973	−3.209 642	0.878 9	不稳定
DLARK	$I(c,t,1)$	−3.960 000	−4.273 277	−3.557 759	−3.212 361	0.020 7	稳定
DHUM	$I(c,t,0)$	−5.956 173	−4.273 277	−3.557 759	−3.212 361	0.000 1	稳定
DLTFP	$I(c,t,0)$	−5.171 309	−4.273 277	−3.557 759	−3.212 361	0.001 1	稳定
DFCR	$I(c,t,0)$	−7.311 055	−4.273 277	−3.557 759	−3.212 361	0.000 0	稳定
DFAE	$I(c,t,0)$	−4.132 668	−4.273 277	−3.557 759	−3.212 361	0.013 9	稳定

注：括号内 c、t、d 分别表示截距项、时间趋势以及滞后项；滞后阶数由 AIC、SC 最小值原则确定。

由表 5-5 可以看出，上述五个变量均是一阶单整，即为 $I(1)$。对于这些非平稳的经济变量应采用协整检验。

(2) Johansen 协整检验

本书采用 Johansen 协整方法，对变量 LARK、HUM、LTFP 以及 FCR、FAE 的长期均衡关系进行检验，结果详见表 5-6～表 5-8。

表 5-6　　LARK 与 FCR、FAE 的检验结果

原假设（协整向量的数目）	特征根	迹统计量（P 值）	迹检验结果	最大特征值统计量（P 值）	最大特征值检验结果
没有	0.595 062	39.832 96(0.014 7)	拒绝**	27.120 63(0.009 8)	拒绝***
至多一个	0.235 507	12.712 33(0.387 2)	接受	8.056 259(0.541 0)	接受
至多两个	0.143 758	4.656 074(0.323 2)	接受	4.656 074(0.323 2)	接受

注：** 表示在 5%的显著性水平下拒绝原假设；*** 表示在 1%显著性水平下拒绝原假设。

表 5-7　　HUM 与 FCR、FAE 协整关系检验结果

原假设（协整向量的数目）	特征根	迹统计量（P 值）	迹检验结果	最大特征值统计量（P 值）	最大特征值检验结果
没有	0.518 379	37.029 55(0.031 3)	拒绝**	22.299 62(0.027 6)	拒绝**
至多一个	0.243 390	12.919 85(0.370 3)	接受	15.892 10(0.412 3)	接受
至多两个	0.106 495	3.715 901(0.456 1)	接受	3.715 901(0.456 1)	接受

注：* 表示在 10%的显著性水平下拒绝原假设；** 表示在 5%的显著性水平下拒绝原假设。

表 5-8　　LTFP 与 FCR、FAE 检验结果

原假设（协整向量的数目）	特征根	迹统计量（P 值）	迹检验结果	最大特征值统计量（P 值）	最大特征值检验结果
没有	0.881 719	94.000 75(0.000 0)	拒绝***	64.040 79(0.000 0)	拒绝***
至多一个	0.511 177	29.959 97(0.001 7)	拒绝***	21.472 63(0.005 9)	拒绝***
至多两个	0.246 413	8.487 335(0.067 1)	接受	8.487 335(0.067 1)	接受

注：** 表示在 5%的显著性水平下拒绝原假设；*** 表示在 1%的显著性水平下拒绝原假设。

表 5-6～表 5-8 的迹检验值和最大特征值都表明，LARK、HUM、LTFP 三个生产要素变量分别和金融变量 FCR、FAE 之间存在长期的均衡关系，汇总数据见表 5-9。

表 5-9 中的数据表明，金融贡献比率对资本存量显著呈正向的推动作用，金融贡献比率提高 1 个百分点，对资本存量贡献 0.04 个百分点；金融中介效率对资本存量显著呈负向作用，金融中介效率提高 1 个百分点，使资本存量降低 0.03个百分点；金融贡献比率对人力资本显著呈正向的推动作用，金融贡献比率提高 1 个百分点，对人力资本贡献 0.04 个点；金融中介效率对人力资本显著

呈负向作用,金融中介效率提高 1 个百分点,使人力资本降低 0.04 个点;金融贡献比率对全要素生产率显著呈正向的推动作用,金融贡献比率提高 1 个百分点,全要素生产率提高 0.8 个百分点;金融中介效率与全要素生产率负相关,影响不显著。

表 5-9　　金融影响经济增长的途径分析

	LARK	HUM	LTFP
C	10.653 1*** (0.235 5)	7.618 4*** (0.905 4)	4.487 6*** (0.083 6)
FCR	3.710 1*** (0.796 9)	4.468 8*** (2.184 1)	0.878 8*** (0.296 2)
FAE	−3.004 8*** (0.280 6)	−3.890 9*** (0.953 6)	−0.027 1 (0.103 1)

注:表中括号内数据为系数的标准差;*** 表示在 1%水平上显著。

(3) 格兰杰因果检验

协整检验仅仅表明各变量间存在长期的均衡关系,这种关系之间的因果关系如何还需要进一步通过格兰杰因果检验确定。各变量格兰杰因果检验结果见表 5-10,在 5%的显著性水平下:第一,金融贡献比率是物质资本存量的单向格兰杰原因,金融中介效率和物质资本存量具有双向的格兰杰因果关系;第二,金融贡献比率是人力资本的单向格兰杰原因;第三,金融贡献比率是全要素生产率的单向格兰杰原因,全要素生产率是金融发展效率的单向格兰杰原因。

表 5-10　　各变量格兰杰因果检验结果

原假设	*F* 统计量	*P* 值
FCR 不是 LARK 的格兰杰原因	4.269 67	0.047 53
FCR 不是 HUM 的格兰杰原因	3.944 71	0.031 41
FCR 不是 LTFP 的格兰杰原因	2.748 22	0.055 43
LARK 不是 FCR 的格兰杰原因	0.617 54	0.438 13
HUM 不是 FCR 的格兰杰原因	0.159 97	0.852 97
LTFP 不是 FCR 的格兰杰原因	1.303 19	0.301 03
FAE 不是 LARK 的格兰杰原因	6.579 79	0.015 56

续表 5-10

原假设	*F* 统计量	*P* 值
FAE 不是 HUM 的格兰杰原因	0.813 86	0.453 72
FAE 不是 LTFP 的格兰杰原因	0.664 91	0.623 36
LARK 不是 FAE 的格兰杰原因	5.389 70	0.027 23
HUM 不是 FAE 的格兰杰原因	1.728 36	0.196 65
LTFP 不是 FAE 的格兰杰原因	5.523 19	0.003 37

5.5　本章小结

本章首先对反映甘肃省经济增长的主要指标：物质资本存量、人力资本存量以及全要素生产率进行了测算，并实证分析了三者对经济增长的影响程度；然后引入金融发展变量，实证分析其和物质资本存量、人力资本、全要素生产率的关系；最后总结出金融发展推动经济增长的有效传导渠道。通过研究得出以下结论：

第一，物质资本、人力资本和全要素生产率对甘肃省经济增长均有显著的正向影响。甘肃省的经济增长依靠物质资本的大量投入，同时人力资本和全要素生产率对经济增长具有不可替代的正效应。甘肃省经济增长促进了物质资本存量的大幅增加，也对人力资本和全要素生产率起到了重要的推动作用。

第二，金融发展规模和物质资本存量、人力资本、全要素生产率三者显著正相关，且是三者的单向格兰杰原因；金融发展效率则和物质资本存量、人力资本两者显著负相关，且金融发展效率和物质资本存量互为格兰杰原因。

第三，甘肃省的金融发展规模通过对物质资本、人力资本和全要素生产率的推动，从而起到对经济增长的促进作用。但粗放式增长仍是甘肃省经济增长的典型特征，人力资本存量中不仅受教育者的数量少而且劳均受教育年限也比较低，科技进步和制度因素等还有待进一步改进。故而，当前的政策导向应以改善投资结构、提升人力资本质量以及促进技术进步为重。同时，还要注重协调物质资本投资、科技投资与人力资本投资三者间的比例等，促进经济快速、稳定和可持续发展。

第6章 结论与展望

本书通过构建理论模型深入全面分析了甘肃省金融发展和经济增长的相关因果关系和间接的传导机制。首先使用归纳和对比方法总结了理论研究中关于金融发展理论的一般内涵和经济增长理论中的金融过程。其次，在拓展了金融发展的具体内涵和分析经济理论模型后，构建了度量经济增长、金融发展的指标。金融发展的两个指标中，一个以金融贡献额(直接融资额＋间接融资额)在GDP中的比率度量，另一个以银行的贷款余额比存款余额度量。最后，本书的实证分析部分由逻辑上相互联系的两块内容组成:第一，通过金融发展和经济增长的直接实证研究，发现两者之间具有显著的相关性和因果关系，金融发展规模显著地对经济增长起到了正向的推动作用。这个结论为下面研究金融发展推动经济增长的传导机制提供了前提条件。第二，在构建的理论框架的基础上，将经济增长源泉分解为物质资本、人力资本和全要素生产率三部分，为下面金融发展的作用渠道做了铺垫，并对金融通过上述三个渠道对经济增长的影响进行分析。通过对以上内容的深入分析，得出相应的研究结论和对策建议。

6.1 主要结论

本书利用甘肃省样本区间为1978年至2011年的数据，从金融发展理论和经济增长理论出发，借鉴近年来的研究成果，通过在经济增长模型中引入能够代表金融发展的变量，说明和验证了金融发展和经济增长之间存在的关联性与内在传导机制。研究发现，金融发展有利于储蓄的增加以及向投资有效转化，对资本积累与经济效率的提高具有极其重要的作用，进而又效促进了长期经济增长。具体结论如下：

第一，甘肃省的金融发展规模、金融发展效率与经济增长之间存在着长期稳定的关系。金融发展规模与经济增长呈显著正相关且起到了单向的推动作用，这在理论上验证了 Patrick 假说：在经济发展的早期阶段，需要一种直接的刺激来动员储蓄为增长提供投资资金，因此，金融部门通过金融机构和金融服务的扩张来促进经济增长。甘肃省作为发展中国家的欠发达地区，经济发展处于早期阶段，金融发展相应就属于这种“供给导向”模式。金融规模扩大带来投资的快速增加，同时降低了信息成本和交易成本，从而推动地区经济增长。另外，检验结果还证实了甘肃省金融发展对经济增长的促进作用主要是通过金融资产数量上的扩张，而不是通过金融资源配置效率的提高来实现的。这说明甘肃省的金融深化水平还处于一个较低阶段，今后不但要扩大金融发展规模，还要提高金融中介的配置效率，这样才能发挥金融体系的积极作用。

第二，通过对金融发展与经济增长的模型及 VAR 冲击反应分析可以看出，短期内经济增长对金融规模的冲击响应为正向且较为明显，说明金融规模的扩大会加速经济增长。金融发展规模的扩大，意味着融资规模范围的扩大，相当于为实体经济提供了更多的资金支持，既可以作为投资转化为资本累积，也可以提高生产效率，并正向地影响到经济增长；而甘肃经济增长对金融中介效率的冲击响应为负且不显著，说明金融体系没能发挥效率因素对经济的推动作用。通常金融效率的提高会促进资本积累，进而提高资本的产出效率。但若投资的资本边际产出降低，则会出现反向冲击反应。因此，应该进一步对甘肃省当前资本使用效率进行测量并关注其变化趋势。

第三，甘肃省的经济增长依靠物质资本的大量投入，同时人力资本和全要素生产率对经济增长具有不可替代的正效应，甘肃省的经济增长可以认为是这三者共同作用的结果。物质资本、人力资本和全要素生产率对甘肃省经济增长均有显著的正向影响。同时，甘肃省经济增长促进了物质资本存量的大幅增加，也对人力资本和全要素生产率起到了重要的推动作用，这样就形成了一种互相促进的良性循环。但粗放式增长仍是甘肃省经济增长的典型特征，人力资本存量中不仅受教育者的数量少而且劳均受教育年限也比较低，科技进步和制度因素等还有待进一步改进。故而，当前的政策导向应以改善投资结构、提升人力资本质量以及促进技术进步为重。同时，还要注重协调物质资本投资、科技投资与人力资本投资三者间的比例等，促进经济快速、稳定和可持续发展。

第四，甘肃省金融发展（本书以金融规模指标和金融效率指标来度量）不仅通过传统的资本积累途径，还通过全要素生产率增长机制对本地经济的长期增长产生显著的促进作用。银行贷款、资本市场筹资和保险赔付体现了金融体系对经济的支持和保障，本书据此构建了金融规模指标。通过实证研究表明：金融规模指标对物质资本积累、人力资本和全要素生产率均产生正面单向的格兰杰影响，这意味着金融规模可以通过这三个渠道来促进经济增长。同时，金融规模的扩大、金融功能的完善、金融结构的优化能起到增加储蓄、有效转化储蓄为投资、提高资源配置效率、优化投资结构、分散风险、监管公司治理等作用，进而促进经济的增长。

6.2 对策建议

基于上述的研究结论，结合甘肃省的现状，本书提出以下五个方面具体的对策建议：

第一，扩大金融资产规模，加快金融深化进程。首先，大力发展资本市场和多样化的金融业务，提高企业直接融资的比重，重视证券、保险、信托及其他非银行类金融业务的共同发展，引进民营和外资金融服务机构，发展多元化的金融市场体系；其次，在量上不断增加的同时还要注意质上的提高，加大对经营效率较高的非国有经济和中小企业的金融支持，不断扩大金融系统的服务面和服务质量，通过丰富金融产品、增加金融资源、加强金融基础设施建设等措施来促进甘肃省经济的持续增长；最后，对金融市场加以有效分割，来防止资金的"逆向流动"，避免因金融机构追求利润而导致的金融资源严重偏流及其诱发经济非均衡发展加剧，同时要避免资金通过非正规金融等形式汇集起来所带来的金融风险。

第二，优化金融发展结构，提升金融中介效率。首先，改善银行业市场结构，适当引入竞争机制。这需要打破国有金融机构垄断的低效率状态，大力发展中小金融机构，加大金融机构竞争程度，以进一步提高行业效率。由于国有大商业银行贷款倾向于国有企业和城市化方向，而中小银行可以提供更优质的金融服务，使得银行信贷质量得到提高。因此随着银行业竞争程度的提高，就会进一步改善信贷资产的配置效率而有利于转变高储蓄模式，激励资本的有效形成。其次，优化资本市场结构，实现金融工具的多样化，建设功能齐全和互补的金融体系。不仅要注重提高金融市场在促进企业资本积累方面的作用，而且要发挥金融市场支持创新型企业与推动科技创新等促进科技进步和生产率增长方面的作用，促进企业研发成果向生产力的迅速转化和新兴战略产业的大力发展。

第三，调整金融支持物质资本投资、人力资本投资和科技投资的方向，保持三者之间的协调配合。首先，需要调整金融支持物质资本投资由传统粗放型向现代化集约型转变。银行业应提高对新兴产业、高科技产业、信息产业等的贷款额度，资本市场也应鼓励这些企业上市融资，争取到国家对西部的企业上市的支持，扩大企业的直接融资能力。这样也可以推动产业结构调整和升级，促进甘肃省的经济发展方式转变。其次，加大金融支持对教育投资以及科技投资的力度，提升劳动力的教育水平和科技发展水平。人力资本和科技创新是一种特殊的长期投资，投资收益滞后且风险较大。从金融的角度而言，应多提供助学贷款、科技研发贷款和加强保险力度，让人们接受教育和从事科技研发时免除后顾之忧，以确保人力资本和科技创新水平的稳步提高，从而促进经济发展。最后，平衡物质资本、人力资本和科技投资，保持三者之间的协调配合。长期以来，甘肃省一直重物质资本投资，轻人力资本投资和科技投资，从而造成了教育质量落后、人力资本水平和科技水平较低的现状。因此，甘肃省应在持续保持金融支持对物质资本积累的同时，加大对人力资本投资的力度并且大力发展科技、做好制度建设等其他方面的工作，这样才能保持经济的持续、稳定发展。

第四，实现金融促进经济增长的传导机制由数量型向质量型转变。金融发展对经济增长的传导机制可分为数量型与质量型两种：数量型传导机制主要表现为资本积累渠道，即金融体系侧重通过动员储蓄、熨平禀赋冲击、提高资本利用效率等促进资本积累，从而推动经济增长；而质量型传导机制则侧重于通过促进技术进步与效率提升来推动经济增长，具体而言需要提高技术吸收能力以促进技术外溢效应与后发优势、推动R&D项目以促进本土研发、促进企业家精神与企业成长影响技术进步主体的培育与形成。数量型传导机制可以通过政府隐性信用担保来快速激励产出规模，使资本短期内迅速积累进而推动经济高速增长，但同时也会使宏观经济出现金融环境恶化、不良债务大量积累、道德风险与逆向选择问题涌现等潜在不稳定因素；而质量型传导机制则更需要政府适度放宽金融抑制政策并减少过度干预，否则会造成创新主体缺失、阻碍创新过程与创新结果转化等后果，从而不利于金融发展通过技术进步渠道促进经济增长。甘肃省金融发展具有增长效应，金融体系一方面通过促进资本积累来推动经济增长，另一方面还推动资源配置与技术结构升级、提高技术吸收能力与研发(R&D)来促进实体经济发展，带动产业结构优化升级，推动区域经济增长。但总体而言，甘肃省金融发展对资本积累的作用相对更为显著，也就是说，更侧重通过数量型传导机制推动经济增长，在今后应逐步向质量型传导机制转变。

第五，在国家层面上，应该积极推进金融组织体系创新和制度创新，逐步推进利率市场化改革。要防止实际储蓄率为负，发挥非国有企业的储蓄动员功能来聚集更多的财政资源，形成更高的生产力。首先，完善金融法规政策，改革金融发展体制，创新金融工具，发挥金融业的资源配置功能。这样才能提供更加全面的金融服务，进一步提高金融系统配置资源的效率、规范金融行业的经营行为、稳步推进金融行业的市场化改革等，促进甘肃省经济发展水平的提高。其次，利率市场化改革应遵循循序渐进的改革思路，这样可以减轻对银行的经营管理造成不利影响。还可以逐步赋予金融机构一定程度内的自主贷款定价权，鼓励其为高科技企业提供更多的信贷融资服务。最后，实行差别化货币政策。在区域金融发展存在显著差别的条件下，统一的货币政策在不同地区的传导路径具有明显区别，降低了货币政策的有效性。为此，笔者认为，政府应当下放央行制定金融政策的权限，及时根据具体地区经济发展实际出台有针对性的政策；实行区域金融机构差别化的市场准入制度，有效支持各类区域性金融机构的快速均衡发展；加强区域信贷政策的针对性和灵活性，鼓励金融机构推出有助于促进经济的金融产品组合。

总之，在现阶段的甘肃，通过完善金融政策制度、改革金融发展体制、扩大金融资产规模、加快金融深化进程、优化金融发展结构、提升金融体系效率等措施，对于强化金融发展对经济增长的传导机制十分重要。金融发展对经济增长的促进作用不应仅依赖于金融深化所带来的资本积累的影响，更应该关注金融体系的效率提高，这样可以有效改善资本的使用效率。另外，应调整金融支持物质资本投资、人力资本投资和科技投资的方向，保持三者之间的平衡协调。同时，执行金融政策和货币政策的连续性也有助于达到使甘肃省经济平稳快速增长和金融健康发展的长远目标。

6.3 研究展望

虽然本书尝试将理论分析、实证分析和规范分析结合起来研究甘肃省金融发展对经济增长的传导机制及影响渠道，得出的结论基本支持了现有理论的观点，符合本书的理论模型，也与甘肃省实际的经济运行大致相符，但由于受到一些客观条件的制约，仍有一些不足之处，笔者希望能在以后的研究中做出进一步的改进。

第一，缺乏从微观层面探讨。探讨金融发展对经济增长的传导机制，不仅要从宏观层面入手，还应把研究视角深入到金融中介、资本市场等金融体系的微观运行机制。此外，如果能够收集到甘肃省细分产业的数据，这在实证研究中不仅能够极大增加样本容量，而且可以深入和全面地分析金融发展如何影响具有实体企业的发展，以便更深入理解金融发展对经济增长的影响机理。如果能够做到这些，相信本书的估计结果会更有说服力，可遗憾的是，收集这些微观数据非常困难。随着数据的可获得性以及研究方法的拓展，基于微观层面的研究将是笔者未来继续努力的一个方向。

第二，对民间融资、影子银行等非正式金融关注不够，因为数据难以准确获取，故而没有把这部分金融支持经济的融资额考虑进模型。由于发展中国家的金融体系发展欠成熟，尤其在二元经济条件下存在着相当规模的非正式金融，相比于制度要求更高的正规金融而言，具有灵活性与适应性的非正规金融在促进农村或落后地区的经济发展方面更具有现实意义。就我国而言，非正式金融已经成为中小企业融资的一个重要渠道，民间融资的储蓄动员功能有助于非国有企业获得更多金融资源，从而促进这些企业的投资和整体生产率提高。这方面的研究是个极具挑战性的艰巨任务，但同时也是破解实践难题的大好机遇。今后的研究要努力在这方面有所进展。

第三，没有单独考虑资本市场发展的生产率增长效应。由于资本市场的数据规模较小，本书实证分析中没有单独考虑资本市场的增长效应，这导致无法对包含资本市场发展在内的金融发展效率及其传导机制做出全面深入回答。深入考察资本市场发展如何通过影响甘肃省资源配置方式从而作用于甘肃省经济增长和发展方式转变，无疑对于全面深入理解金融发展的增长促进效应具有理论和实践意义，这需未来进行深入的研究。

根据本书的研究，总体来看，甘肃省的金融系统在改革开放的三十多年中逐渐完善，为经济发展各方面的需求提供了及时的帮助和必要的支持。然而，作为西部欠发达地区的甘肃省，其金融系统的发展还有很长的路要走，还会遇到许许多多新的问题。研究欠发达地区的金融发展对经济增长的贡献与传导机制是难得的机遇，也是艰巨的挑战。笔者今后的研究可能会遇到重重困难，但仍将沿着这条路线继续探索下去。

参考文献

[1] 艾洪德,徐明圣,郭凯.我国区域金融发展与区域经济增长关系的实证分析[J].财经问题研究,2004(7):26-32.

[2] 曹啸,吴军.我国金融发展与经济增长关系的格兰杰检验和特征分析[J].财贸经济,2002(5):40-44.

[3] 钞小静,任保平.中国经济增长质量的时序变化与地区差异分析[J].经济研究,2011(4):26-40.

[4] 陈邦强,傅蕴英,张宗益.金融中介发展与投资关系的实证研究[J].上海金融,2006(8):18-20.

[5] 陈刚,伊希果,潘杨.中国的金融发展、分税制改革与经济增长[J].金融研究,2006(2):99-109.

[6] 邓艾,钱力,马生全.甘肃资本存量K的估算:1952—2003[J].西北民族大学学报(自然科学版),2005, 26(3):52-56.

[7] 范学俊.金融体系与经济增长:来自中国的实证检验[J].金融研究,2006(3):57-66.

[8] 高铁梅.计量经济方法与建模——EViews应用及实例[M].北京:清华大学出版社,2006.

[9] 韩俊才,何友玉,张振.金融发展与经济增长的关系——基于中国东、中、西部六省市的实证分析[J].统计与决策,2006(5):78-81.

[10] 韩廷春.金融发展与经济增长:经验模型与政策分析[J].世界经济,2001(6):3-10.

[11] 韩廷春.金融发展与经济增长的内生机制[J].产业经济评论(山东大学),2002(1):80-85.

[12] 郝枫,郝红红,赵慧卿.中国基准资本存量研究——基于首次经济普查修订数据[J].统计与信息论坛,2009,24(2):7-13.

[13] 何枫,陈荣,何林.我国资本存量的估算及其相关分析[J].经济学家,2003

(5):29-35.

[14] 何枫,陈荣.金融中介发展对中国技术效率省际差异的影响——SFA模型的应用[J].西北农林科技大学学报(社会科学版),2004,4(2):45-49.

[15] 黄炳艺,曾五一.证券投资基金市场与股票市场运行特征实证分析[J].现代财经·天津财经大学学报 ,2004,24 (5):23-25.

[16] 黄勇峰,任若恩,刘晓生.中国制造业资本存量永续盘存法估计[J].经济学(季刊) ,2002,1(1):377-396.

[17] 康继军,张宗益,傅蕴英.金融发展与经济增长之因果关系——中国、日本、韩国的经验[J].金融研究,2005(10):20-31.

[18] 李富强,董直庆,王林辉.制度主导、要素贡献和我国经济增长动力的分类检验[J].经济研究,2008(4):53-65.

[19] 李广众,陈平.金融中介发展与经济增长:多变量VAR系统研究[J].管理世界,2002(3):52-59.

[20] 李广众.银行、股票市场与长期经济增长:中国的经验研究与国际比较[J].世界经济,2002(9):57-71.

[21] 李静.中国省区经济增长过程中的生产率角色研究[D].南京:南京农业大学,2006.

[22] 林毅夫,姜烨.经济结构、银行业结构与经济发展——基于分省面板数据的实证分析[J].金融研究,2006(1):7-22.

[23] 卢峰,姚洋.金融压抑下的法治、金融发展和经济增长[J].中国社会科学,2004(1):42-55.

[24] 米建国,李建伟.我国金融发展与经济增长关系的理论思考与实证分析[J].管理世界,2002(4):23-30,36.

[25] 潘文卿,张伟.中国资本配置效率与金融发展相关性研究[J].管理世界,2003(8):16-23.

[26] 彭国华.中国地区收入差距、全要素生产率及其收敛分析[J].经济研究,2005(9):19-29.

[27] 彭文平.金融发展阶段:一个包含金融部门的内生增长模型[J].华南师范大学学报(社会科学版),2007 (3):14-22.

[28] 钱良信.我国金融发展与资本形成的动态关系研究[J].技术经济与管理研究,2011(2):86-89.

[29] 钱水土,周永涛.金融发展、技术进步与产业升级[J].统计研究,2011,28

(1):68-74.
[30] 钱雪亚.人力资本存量计量的合理视角[J].浙江社会科学,2005(5):43-47.
[31] 冉光和,李敬,熊德平,等.中国金融发展与经济增长关系的区域差异:基于东部和西部面板数据的检验和分析[J].中国软科学,2006(2):102-110.
[32] 冉茂盛,张宗益,冯军.中国金融发展与经济增长的因果关系检验[J].重庆大学学报(自然科学版),2002(3):123-129.
[33] 沈坤荣,李剑.中国贸易发展与经济增长影响机制的经验研究[J].经济研究,2003(5):32-40.
[34] 沈坤荣,孙文杰.投资效率、资本形成与宏观经济波动——基于金融发展视角的实证研究[J].中国社会科学,2004(6):52-63.
[35] 沈坤荣,张成.金融发展与中国经济增长——基于跨地区动态数据的实证研究[J].管理世界,2004,(7):15-21.
[36] 沈坤荣. 1978—1997年中国经济增长因素的实证分析[J].经济科学,1999,21(4):14-24.
[37] 师文明,王毓槐.金融发展对技术进步影响的门槛效应检验——基于中国省际面板数据的实证研究[J].山西财经大学学报,2010,32(9):38-45.
[38] 史永东,武志,甑红线.我国金融发展与经济增长关系的实证分析[J].预测,2003(4):1-6.
[39] 单豪杰.中国资本存量K的再估算:1952—2006年[J].数量经济技术经济研究,2008(10):17-31.
[40] 世界银行报告小组.金融与增长:动荡条件下的政策选择[M].北京:经济科学出版社,2001.
[41] 舒元,徐现祥.中国经济增长模型的设定:1952—1998[J].经济研究,2002(11):3-11.
[42] 苏李,臧日宏,闫逢柱.中国金融服务业与经济增长的Granger分析——基于地理集聚视角[J].东北大学学报(社会科学版),2010,12(1):23-28.
[43] 孙辉,支大林,李宏瑾.对中国各省资本存量的估计及典型性事实:1978—2008[J].金融经济学研究, 2010(3):103-116.
[44] 谈儒勇.中国金融发展和经济增长关系的实证研究[J].经济研究,1999(10):53-61.
[45] 谭艳芝,彭文平.金融发展与经济增长的因素分析[J].上海经济研究,2003

(10):3-12.

[46] 王弟海,龚六堂,李宏毅.健康人力资本、健康投资和经济增长——以中国跨省数据为例[J].管理世界,2008(3):27-39.

[47] 王定祥,李伶俐,冉光和.金融资本形成与经济增长[J].经济研究,2009(9):39-51,105.

[48] 王桂新,陈冠春.上海市物质资本存量估算:1978—2007[J].上海经济研究,2009(8):65-76.

[49] 王晋斌.金融控制政策下的金融发展与经济增长[J].经济研究,2007(10):95-104.

[50] 王景武.金融发展与经济增长:基于中国区域金融发展的实证分析[J].财贸经济,2005(10):23-26+96.

[51] 王满仓,白永秀,杨二宝.西部金融体系发展与经济增长——以陕西省为例的实证分析[J].管理世界,2005(7):154-155.

[52] 王少国.金融发展对资本配置效率的影响分析[J].商业研究,2006(10):4-8.

[53] 王晓芳,高继祖.中国金融发展与经济效率的实证分析[J].中南财经政法大学学报,2006(3):70-75.

[54] 王永剑,刘春杰.金融发展对中国资本配置效率的影响及区域比较[J].财贸经济,2011(3):54-60.

[55] 王永齐.FDI溢出、金融市场与经济增长[J].数量经济技术经济研究,2006(1):59-68.

[56] 王永中,高凌云.金融发展与内生经济增长理论评述:人力资本积累视角[J].首都经济贸易大学学报,2007,9(3):98-103.

[57] 王永中.浅析金融发展、技术进步与内生增长[J].中国社会科学院研究生院学报,2007(4):59-65.

[58] 王志强,孙刚.中国金融发展规模、结构、效率与经济增长关系的经验分析[J].管理世界,2003(7):13-20.

[59] 吴方卫.我国农业资本存量的估计[J].农业技术经济,1999(6):34-38.

[60] 吴信如.金融发展的福利收益和“门槛效应”一个动态最优增长分析[J].财经研究,2006,32(2):118-126.

[61] 吴延兵.R&D与生产率——基于中国制造业的实证研究[J].经济研究,2006(11):60-71.

[62] 武志.金融发展与经济增长:来自中国的经验分析[J].金融研究,2010(5):58-68.

[63] 熊鹏,王飞.中国金融深化对经济增长内生传导渠道研究——基于内生增长理论的实证比较[J].金融研究,2008(2):51-60.

[64] 徐现祥,周吉梅,舒元.中国省区三次产业资本存量估计[J].统计研究,2007,24(5):6-13.

[65] 颜鹏飞,王兵.技术效率、技术进步与生产率增长:基于 DEA 的实证分析[J].经济研究,2004(12):55-65.

[66] 杨建芳,龚六堂,张庆华.人力资本形成及其对经济增长的影响——一个包含教育和健康投入的内生增长模型及其检验[J].管理世界,2006(5):10-18.

[67] 杨文举.适宜技术理论与中国地区经济差距的实证研究[D].武汉:武汉大学,2006.

[68] 姚先国,武鑫.中国的金融制度转型:基于经济危机中的观察[J].经济学动态,2010(11):54-59.

[69] 姚耀军,曾维洲.金融发展和全要素生产率:一个文献回顾[J].浙江社会科学,2011(3):144-149.

[70] 姚耀军.金融中介发展与技术进步——来自中国省级面板数据的证据[J].财贸经济,2010(4):26-31.

[71] 姚耀军.中国金融发展与全要素生产率——基于时间序列的经验证据[J].数量经济技术经济研究,2010(3):68-80.

[72] 于震,杨苜,刘森.中国金融发展与生产率增长[J].社会科学战线,2008(5):48-53.

[73] 袁云峰,曹旭华.金融发展与经济增长效率的关系实证研究[J].统计研究,2007,24(5):60-66.

[74] 曾五一,赵楠.中国区域资本配置效率及区域资本形成影响因素的实证分析[J].数量经济技术经济研究,2007,24(4):35-42.

[75] 张朝兵.山西省金融发展与经济增长关系实证研究(1978—2007)[J].管理世界,2010(4):181-182.

[76] 张军,金煜.中国的金融深化和生产率关系再检测:1987—2001[J].经济研究,2005(11):34-45.

[77] 张军,吴桂英,张吉鹏.中国省际物质资本存量估算:1952—2000[J].经济

研究,2004(10):35-44.

[78] 赵勇,雷达.金融发展与经济增长:生产率促进抑或资本形成[J].世界经济,2010(2):37-50.

[79] 赵振全,薛丰慧.金融发展对经济增长影响的实证分析[J].金融研究,2004(8):94-99.

[80] 郑京海,胡鞍钢.中国改革时期省际生产率增长变化的实证分析(1979—2001年)[J].经济学(季刊),2005,4(1):263-296.

[81] 郑玉歆.全要素生产率的测度及经济增长方式的"阶段性"规律——由东亚经济增长方式的争论谈起[J].经济研究,1999(5):55-60.

[82] 中国社会科学院经济研究所经济增长前沿课题组.高投资、宏观成本与经济增长的持续性[J].经济研究,2005(10):12-23.

[83] 中国社会科学院经济研究所经济增长前沿课题组.开放中的经济增长与政策选择——当前经济增长态势分析[J].经济研究,2004(4):4-15.

[84] 周好文,钟永红.中国金融中介发展与地区经济增长:多变量VAR系统分析[J].金融研究,2004(6):130-137.

[85] 周立.中国各地区金融发展与经济增长:1978—2000[M].北京:清华大学出版社,2004.

[86] 周业安,赵坚毅.我国金融市场化的测度、市场化过程和经济增长[J].金融研究,2005(4):68-78.

[87] 朱波.金融发展与内生增长:理论及基于中国的实证研究[M].成都:西南财经大学出版社,2007.

[88] 朱承亮,岳宏志,李婷.中国经济增长效率及其影响因素的实证研究:1985—2007年[J].数量经济技术经济研究,2009(9):52-63.

[89] ARESTIS P,CHORTAREAS G,DESLI E. Technical efficiency and financial deepening in the non-OECD economies[J]. International Review of Applied Economics,2006,20(3):353-373.

[90] ARESTIS P,DEMETRIADES P O,LUINTEL K B. Financial development and economic growth: the role of stock markets[J]. Journal of Money Credit and Banking,2001,33(1):16-41.

[91] BAGEHOT W. Lombard street:a description of the money market[J]. History of Economic Thought Books,2007,13(1):11445-11448.

[92] BARRO R J. Economic growth in a cross-section of countries[J]. The

Quarterly Journal of Economics,1991,106(2):407-443.

[93] BECK T,DEMIRGUE-KUNT A,LEVINE R. Law and finance:why does legal origin matter? [J]. Journal of Comparative Economies, 2003, 31 (4):653-675.

[94] BENCIVENGA V R,SMITH B D. Financial intermediation and endogenous growth[J]. Review of Economic Studies,1991,58(2):195-209.

[95] BENHABIB J, SPIEGEL M M. The role of financial development in growth and Investment[J]. Journal of Economic Growth, 2000,5(4): 341-360.

[96] BLACKBURN K. A theory of growth, financial development and trade [J]. Economica,2010,65(257):107-124.

[97] BOYREAU-DEBRAS G, CULL T T R, DOLLAR D, et al. Financial intermediation and growth: Chinese style[J]. Policy Research Working Paper,2003,30(2):1-46.

[98] BROWN K L, CHRA T, ZOU S, et al. The direct costs of financial repression:evidence from India[J]. Review of Economics and Statistics, 1997,106(12):311-320.

[99] BUTLER A W,CORNAGGIA J. Does access to external finance improve productivity Evidence from a natural experiment[J]. Social Science Electronic Publishing,2011,99(1):184-203.

[100] CABALLERO R J. On the sign of the investment-uncertainty relationship[J]. American Economic Review,1991,81(1):279-288.

[101] CESAR C,LIU L. The direction of causality between financial development and economic growth[J]. Journal of Development Economics, 2003,72(1):321-334.

[102] CHENG X,DEGRYSE H. The impact of bank and non-bank financial institutions on local economic growth in China[J]. Journal of Financial Services Research,2010(2):179-199.

[103] CHOW G, LIN A. Accounting for economic growth in taiwan and mainland China: a comparative analysis [J]. Journal of Comparative Economics,2002,30(3):507-530.

[104] CHRISTOPOLOUS D K,TSIONAS E G. Financial development and e-

conomic growth: evidence from panel unit root and cointegration tests [J]. Journal of Development Economics, 2004, 73(1): 55-74.

[105] DEIDDA L, FATTOUH B. Non-linearity between Finance and Growth[J]. Economies Letters, 2001, 74(3): 339-345.

[106] DIAMOND D W. Financial intermediation and delegated monitoring[J]. Review of Economic Studies, 1984, 51(3): 393-414.

[107] DIAMOND D W. Monitoring and reputation: the choice between bank loans and directly placed debt[J]. Journal of Political Economy, 1991, 99(4): 689-721.

[108] FEDERICI D, CARIOLI F. Financial development and gowth: an empirical analysis[J]. Economic Modelling, 2009(2): 285-294.

[109] FRY M J. In favor of financial liberalization[J]. The Economic Journal, 1997, 107(5): 754-770.

[110] FRY M J. Money and Capital or financial deepening in economic development? [J]. Money and Monetary Policy in Less Developed Countries, 1980, 10(4): 107-113.

[111] FRY M J. Saving, investment, growth and the cost of financial repression[J]. World Development, 1980, 10(4): 317-327.

[112] GALBIS V. Financial and economic growth in less-developed counties: a theoretical approach[J]. Journa of Development Studies, 1977, 13(2): 58-72.

[113] GERSCHENKON A. Economic backwardness in historic perspective [M]. Cambridge: Harvard University Press, 1962.

[114] GOLDSMITH R W. Financial structure and economic development[M]. New Haven: Yale University Press, 1969.

[115] GREENWOOD J, JOVANOVIC B. Financial development, growth, and the distribution of income[J]. Journal of Political Economy, 1990, 98(5): 1076-1107.

[116] GURLEY J G, SHAW E S. Financial aspects of economic development [J]. American Economic Review, 1955(45): 515-538.

[117] HICKS J R. A theory of economic history[J]. Southern Economic Journal, 1969, 36(4): 475.

[118] JUNG W S. Financial development and economic growth: international evidence[J]. Economic Development and Cultural Change, 1986, 34(2): 333-343.

[119] KRUGMAN P. Cycle of conventional wisdom on economic development [J]. International Affairs, 1995, 71(4): 712-732.

[120] LEVINE R, LOAYZA N, BECK T. Financial intermediation and growth: causality and causes[J]. Journal of Monetary Economics, 2000, 46(1): 31-77.

[121] LEVINE R. Financial development and economic growth: views and

[122] LEVINE R. Stock markets, growth, and tax policy[J]. The Journal of Finance, 1991, 46(4): 1445-1465.

[123] LUCAS R E. On the mechanics of economic development[J]. Journal of Monetary Economies, 1988, 22(1): 3-42.

[124] MCKINNON R I. Money and capital in economic development[M]. Washington: Brooking Institition, 1973.

[125] PATRICK H T. Financial development and economic growth in developing countries [J]. Economic and Cultural Change, 1966, 14 (2): 174-189.

[126] PORTA R L, LOPEZ-DE-SILANES F, SHLEIFER A, et al. Law and Finance[J]. Springer Berlin Heidelberg, 2001, 106(6): 26-68.

[127] RAJAN R G, ZINGALES L. Financial dependence and growth[J]. Social Science Electronic Publishing, 1980, 36(1): 129-130.

[128] RIOJA F, VALEV N. Finance and the sources of growth at various stages of economic development [J]. Economic Inquiry, 2004, 42 (1): 127-140.

[129] ROBINSON J. Economic growth and capital accumulation[J]. Economic Record, 2010, 32(2): 334-361.

[130] ROUSSEAU P L, WACHTEL P. Financial intermediation and economic performance: historical evidence from five industrialized countries[J]. Journal of Money Credit and Banking, 1998, 30(4): 657-678.

[131] ROUSSEAU P L, WACHTEL P. Inflation thresholds and the finance-growth nexus[J]. Journal of International Money and Finance, 2002, 21 (6): 777-793.

[132] SAINT-PAUL G. Technological choice, financial markets and economic development[J]. European Economic Review, 1992, 36(4): 763-781.

[133] SCHUMPETER, JOSEPH. The Theory of Economic Development[M]. Cambridge, MA: Harvard University Press, 1912.

[134] SHAN J, MORRIS A, SUN F. Financial development and economic growth: an egg-and-chicken Problem [J] Review of International Economics, 2001, 9(3): 443-454.

[135] SHAW E S. Financial deepening in economic growth[M]. New York: Oxford University Press, 1973.

[136] SOLOW R M. A contribution to the theory of economic growth[J]. Quarterly Journal of Economics, 1956, 70(1): 65-94.

[137] TOWNSEND R M. Optimal contracts and competitive markets with costly state verification[J]. Journal of Economic Theory, 1979, 21(2): 265-293.

[138] UZAWA H. Optimum technical change in an aggregative model of economic growth[J]. International Economic Review, 1965, 6(1): 18-31.

[139] WACHTEL P, ROUSSEAU P L. Equity markets and growth: cross country evidence on timing and outcomes, 1980—1995[J]. Journal of Banking and Finance, 2000, 24(12): 1933-1957.

[140] WADE R. East asian financial systems as a challenge to economies: lessons from Taiwan[J]. California Management Review, 1985, 27(4): 106-107.

[141] WANG Y, YAO Y. Sources of China's economic growth 1952—1999: incorporating human capital accumulation[J]. China Economic Review, 2003, 14(1): 32-52.